人民币汇率波动、贸易调整与外部经济冲击的传导效应

毕玉江　著

中国经济出版社
CHINA ECONOMIC PUBLISHING HOUSE
·北京·

图书在版编目(CIP)数据

人民币汇率波动、贸易调整与外部经济冲击的传导效应 / 毕玉江著.
北京:中国经济出版社,2017.6 (2024.1重印)
ISBN 978-7-5136-4672-7

Ⅰ.①人… Ⅱ.①毕… Ⅲ.①人民币汇率—汇率汇动—关系—对外贸易—研究—中国
Ⅳ.①F832.63 ②F752

中国版本图书馆 CIP 数据核字(2017)第 074011 号

责任编辑 赵静宜
责任印制 巢新强
封面设计 华子图文

出版发行 中国经济出版社
印 刷 者 大连图腾彩色印刷有限公司
经 销 者 各地新华书店
开 本 710mm×1000mm 1/16
印 张 12
字 数 200 千字
版 次 2017 年 6 月第 1 版
印 次 2024年 1 月第 2 次
定 价 59.00 元
广告经营许可证 京西工商广字第 8179 号

中国经济出版社 网址 www.economyph.com 社址 北京市东城区安定门外大街 58 号 邮编 100011
本版图书如存在印装质量问题，请与本社销售中心联系调换（联系电话：010-57512564）

序 言

在国际经济学领域,由于汇率涉及一国或地区与世界其他国家和地区之间贸易往来、投资进出,是影响一国对外经贸关系的关键变量。自我国改革开放政策实施以来,汇率管理体制的调整也一直是经济改革的重要内容。改革开放政策为我国加入世界市场、参与国际分工提供了内部的制度基础,以廉价劳动力参与国际化生产,则是我国参与国际分工的主要方式。特别是在我国加入 WTO 后的十年间,我国对外贸易顺差快速增长,国内市场经济体系不断完善,而与此同时,我国汇率制度改革也不断深化。不仅商品贸易与服务贸易总额都有了巨大的增长,成为世界第一大商品出口国和第二大商品进口国,汇率体制也由原先钉住美元的固定汇率制度转变为有管理的浮动汇率制度,而且汇率浮动的范围越来越大。

在经济开放度不断加深的大背景下,我国经济发展与世界经济波动之间保持了越来越紧密的联系。2008 年美国金融危机爆发后,当年第三季度美国 GDP 增长转负,而我国外贸进出口增速则在 2008 年 11 月就由接近 20% 的正增长转为负增长,进口则更是由 2008 年 10 月 15.15% 的正增长转为 11 月 18.14% 的负增长。在世界经济高度一体化的今天,任何一个国家都很难在世界性经济波动中独善其身。

本书围绕开放经济背景下汇率变动与中国对外贸易调整之间的关系展开实证研究,同时,还以全球向量自回归模型模拟分析了发达经济体宏观经济波动对中国外贸发展以及宏观经济变量产生的冲击作用。希望在总结研究成果的同时,能够为国内关于人民币汇率波动的贸易经济效应相关研究提供一些思路与借鉴。

由于汇率波动的贸易调整效应理论分析较为成熟,因而,本书的研究主要以实证分析为主。在研究期间,本书也大量参考了国内外学者的相关研究成果。笔者尽最大可能在书后参考文献部分进行了列举。如有疏漏,也请原谅。在此要感谢国内外学者的相关研究成果,这些研究为本书的实证分析提供了很好的借鉴与思路拓展。

非常感谢中国经济出版社在本书出版过程中的帮助与支持,感谢赵静宜编辑的辛苦工作。

CONTENTS

目录

第一章 导 言 ……………………………………………… (001)

1.1 本书的主要内容 ……………………………………… (001)

1.2 进一步研究的思考与建议 ……………………………… (006)

第二章 入世后中国对外贸易发展趋势与特征 ……………… (007)

2.1 加入 WTO 以后中国外贸进出口变化趋势及特征 ………… (008)

2.2 人民币汇率波动与贸易顺差变化 ……………………… (019)

2.3 美国金融危机之后中国外贸遇到的挑战 ………………… (022)

第三章 汇率波动与贸易调整:关于研究进展的文献综述 ……… (027)

3.1 基于局部均衡模型的研究进展 ………………………… (028)

3.2 基于多国模型的研究进展 ……………………………… (034)

3.3 近期关于人民币汇率波动的贸易调整效应研究进展 …… (035)

3.4 研究的小结 …………………………………………… (037)

第四章 汇率波动的不完全传递效应与中国贸易顺差调整 ……… (038)

4.1 引言及相关研究文献回顾 ……………………………… (038)

4.2 不完全汇率传递影响外贸进出口的机理 ………………… (040)

4.3 汇率对出口价格的不完全传递实证研究 ………………… (041)

4.4 贸易顺差的进出口价格弹性分析 …………………… (046)
4.5 本章研究结论 ………………………………………… (048)

第五章 人民币汇率波动的双边贸易顺差调整效应 …………… (051)
5.1 引 言 ………………………………………………… (051)
5.2 文献回顾 ……………………………………………… (053)
5.3 数据处理与实证模型说明 …………………………… (054)
5.4 实证研究 ……………………………………………… (057)
5.5 本章研究主要结论述评 ……………………………… (062)

第六章 汇率波动、金融发展与国际贸易商品结构变化 ……… (064)
6.1 引 言 ………………………………………………… (064)
6.2 文献综述 ……………………………………………… (066)
6.3 我国商品贸易结构变化情况 ………………………… (068)
6.4 实证研究 ……………………………………………… (071)
6.5 结论及政策含义 ……………………………………… (075)
6.6 第六章研究附录 ……………………………………… (076)

第七章 服务贸易进出口的影响因素：一个多国动态面板模型的实证分析 …………………………………………………… (079)
7.1 引 言 ………………………………………………… (079)
7.2 世界商品贸易和服务贸易变动情况 ………………… (80)
7.3 文献综述 ……………………………………………… (81)
7.4 理论框架描述 ………………………………………… (84)
7.5 数据描述与处理 ……………………………………… (86)
7.6 实证分析 ……………………………………………… (89)
7.7 本章结论与进一步研究的建议 ……………………… (100)

第八章 基于贝叶斯平均分类回归模型的汇率波动预测方法及其比较 …………（103）

8.1 引 言 …………（103）

8.2 文献回顾 …………（104）

8.3 基于 GARCH 和 ARIMA 方法的汇率预测及结果 …………（106）

8.4 BACRM 及汇率预测 …………（109）

8.5 预测结果的对比分析 …………（112）

8.6 本章研究结论 …………（119）

8.7 第八章研究附录 …………（119）

第九章 世界经济冲击与中国宏观经济波动:分析框架与实证研究 …………（123）

9.1 引 言 …………（123）

9.2 文献回顾 …………（125）

9.3 理论框架与实证方法 …………（127）

9.4 数据处理与模型设定 …………（130）

9.5 实证研究 …………（136）

9.6 结论与政策建议 …………（143）

9.7 第九章研究附录 …………（145）

第十章 世界经济冲击与中国外贸波动:基于 GVAR 模型的实证研究 …………（147）

10.1 引 言 …………（147）

10.2 相关文献回顾 …………（148）

10.3 数据处理与模型设定 …………（149）

10.4 实证分析 …………（150）

10.5 主要结论 …………（156）

第十一章 研究的基本结论与政策建议 …………（158）

11.1 本书研究的基本结论 …………（158）

11.2 世界经济周期调整背景下中国外贸发展面临的新挑战 …………………………………………………… (159)
11.3 推动外贸持续增长、不断增加贸易利益的对策思考 …… (162)

主要参考文献 ……………………………………………………… (166)
重要术语索引 ……………………………………………………… (181)

第一章 导言

CHAPTER 1

随着我国参与国际化分工的程度逐渐加深,人民币汇率波动与中国外贸进出口调整之间的关系成为各界关注并讨论的重要议题。在微观层面,汇率变动会影响外贸企业的利润以及对未来进出口发展的预期,在宏观层面,则会作用于外贸差额的调整。因此,从不同层面分析汇率变动对中国贸易发展产生的影响作用,量化汇率波动对外贸调整产生的影响程度,仍然是我国国际经济学界需要重点关注并深入研究的问题。

在我国更加深入地融入世界市场以后,外部经济波动对我国的影响作用越来越大。特别是与我国有着密切经济贸易联系的发达经济体,其经济波动会通过贸易、投资、金融等多方面传导渠道影响我国经济发展。因此,在开放经济背景下分析外部经济冲击对中国宏观经济运行产生的影响作用,对于明确最优政策搭配规则、提升宏观调控政策的有效性具有重要的借鉴意义。

1.1 本书的主要内容

本书从不同层面分析了人民币汇率波动对中国外贸发展产生的影响作用。同时,还使用全球向量自回归模型分析了欧美等发达经济体宏观经济波动对中国经济运行产生的影响机制。

第二章回顾总结了中国对外贸易发展的变化趋势及特征。特别分析了自中国加入 WTO 以来外贸进出口总额以及贸易构成的变化特点。自加入 WTO 之后,中国外贸出口增速显著高于改革开放后二十年的发展,进出口商品结构不断改善,初级产品出口比重显著下降,制成品出口比重明显上升。国有企业和外商投资企业出口比重都有所下降,其他性质企业的出口比重显著上升。高新技术产品进出口比重都有明显上升,而出口比重上升速度明显快于进口比重。以 2008 年美国金融危机爆发为时间分隔点,在此之前,我国加工贸易总额都是高于一般贸易,成为对外贸易的主力军。然而,在 2008 年美国金融危机后,加工贸易年度增长率明显下降,一般贸易额迅速超过加工贸易。虽然世界经济从 2010 年开始缓慢复苏,但是在全球性的结构调整以及经贸规则变化的作用下,我国外贸出口增长遇到困难,出口增速不断下降。当前,我国外贸进出口面临不小挑战。比较突出的是以需求为导向的外贸出口难以持续增长,要素价格上升冲击加工贸易发展,产能过剩与外贸出口竞争力下降之间存在难以调和的矛盾,长期依靠价格竞争形成的市场优势难以为继,对外贸易的发展方式需要根本性变革。

第三章回顾梳理了汇率波动与贸易调整的相关研究进展状况。回顾总结发现,近十年来外国学者研究人民币汇率波动对中国贸易进出口影响效应的文献数量不断增加,而且其研究视角也不断趋于多样化。由于研究汇率与贸易调整之间关系的文献数量十分庞大,因而本书按照局部均衡方法及多国一般均衡模型方法的分类,仅仅回顾了近期较新的相关研究成果。在文献梳理过程中特别关注了基于汇率传递视角的相关成果,以及汇率波动在贸易调整效应方面存在非对称性的相关研究成果。笔者认为,这两方面的研究将是未来汇率波动的贸易调整效应相关研究的重点发展领域。另外,由于基于微观企业层面的数据能够在集约边际和扩展边际两方面分析贸易调整的根源,而汇率波动也会通过二元边际的变化作用于贸易调整,因而,以异质性企业理论与汇率波动的贸易调整效应结合的研究具有重要的研究价值。

第四章基于汇率传递的视角分析了汇率波动的贸易顺差调整效应。这一章首先为汇率传递影响外贸进出口的机制提供了一个分析框架。其次使用我国月度进出口数据进行了实证分析。从直接参与外贸经营的企业视角来看,汇率波动的直接影响是进出口商品的价格,而影响价格变动程度的因素有多种多样,这就涉及汇率波动的价格传递效应分析。本币升值之后，出口商出于各种目的自己来承担一部分或全部的价格变动效应，而不对出口商品价格做出和汇率升值幅度相同大小的调整，这就产生了汇率波动的不完全价格传递效应。出口商品价格对汇率波动的敏感度也即汇率传递弹性将影响汇率变动的最终贸易调整效应。实证研究发现，我国贸易顺差对商品进出口价格还是比较敏感的。世界总体价格水平增加1%，将带动我国贸易顺差增加2.55个百分点。进口价格则与贸易顺差之间存在负相关关系，进口价格上升1%，将使我国贸易顺差下降2.37个百分点。从影响程度的大小来比较，世界总体价格水平对我国贸易顺差的影响程度是最高的。本书认为，虽然目前人民币升值看似没有对顺差增长产生影响作用，但是这并不表明升值没有顺差调整的效应。基于汇率传递视角的分析表明，在人民币升值幅度达到一定程度后，可能在短时间内就会彻底改变顺差增长的趋势。而我国出口商必须不断提升出口商品的附加价值，改变低价竞争的出口策略，切实增强产品在国际市场上的竞争力及不可替代性，才能在人民币不断升值的进程中保持市场份额，也才能保证我国对外贸易平稳发展。

第五章使用中国对主要贸易伙伴国（地区）的贸易差额数据进行实证研究，同时考虑了汇率波动风险产生的贸易调整效应。研究对象包括中国对美国、欧盟、日本、东盟、韩国的贸易差额数据。本部分内容主要在以下两点与已有研究有所不同。第一，使用了分国别（地区）的贸易差额数据分析汇率变动的贸易调整效应，实证研究中还考虑了汇率波动风险所产生的影响。第二，由于中国经济发展在此期间有两次比较大的调整，因此在实证研究时对这些事件的影响进行了检验。一个是2001年底我国加入WTO，另一个是2005年7月人民币第二次汇改。我们在协整研究时通过加入时间虚拟变量的方法，来判断这两起重要事件是否对汇率变动的贸易调整效应产生影响。研究发现，人民币趋势性升值对贸易顺差的调整效应是不显著的，其作用结果对不同贸易伙伴存在差别。汇率波动对中国与日本、东盟的贸易差额变化产生了较为显著的负面效应，但对中美、中欧、中韩的贸易差额调整则产生了正向效应。贸易伙伴国（地区）的国内经济发展是贸易差额变化的主要影响因素，中国自身的经济发展对贸易顺差的形成具有重要作用。另外，虚拟变量回归分析也表明，我国加入WTO对贸易顺差的变化具有显著影响。

第六章根据国际贸易标准分类一位数分类数据，借助于协整和误差修正模型研究金融发展对各类商品外贸竞争力的影响程度，进而分析其对我国外贸结构变动的影响作用。该部分研究的创新之处主要有两点：第一，具有较为便利的融资条件的厂商应该也会获得进口的发展优势。因而，金融发展不应该仅仅作用于出口，其对进口也应该具有促进作用。第二，对外部融资依赖程度不同的行业，其外贸发展对金融发展的敏感度应该是不同的。实证研究表明，我国金融深化对外贸结构调整的作用是比较显著的。9类商品中有6类的外贸发展得益于金融深化进程。这与大多数以外贸总体发展为目标的研究结论基本一致。价格水平并不是影响大多数分类商品外贸发展的主要因素，其所起作用没有世界经济总体发展水平的影响程度高。而世界经济发展显著地影响了我国初级产品的对外贸易，但对工业制品的外贸发展影响作用是不明确的。此外，本部分研究还表明，并不是所有类别的商品贸易都得益于金融深化过程。有些虽然在实证研究中表现为受到金融深化的正面影响，但影响程度并不高。

第七章收集世界主要国家服务贸易发展及相关经济变量的面板数据，在研究分析服务贸易主要影响因素的基础上，使用动态面板数据模型方法对比分析了发达经济体和发展中国家，以及新兴经济体服务贸易发展的区别，探讨不同类型国家和地区服务贸易发展的主要影响因素及其作用机制的差别。实证研究表明，滞后一期的服务贸易进出口变量回归系数在统计上都比较显著。这表明服务贸易增长存在较强的惯性特征，而世界经济发展状况对服务贸易出口的影响不显著。货物贸易发展对服务贸易进出口产生了重要的推动作用。然而，对广大发展中国家和新兴经济体国家而言，商品贸易发展对服务贸易出口的促进程度较低，远低于其对发达国家服务贸易出口的影响程度。基于各样本数据序列的回归结果显示，汇率对所有样本国家组的服务贸易进口都具有与理论预期相符的结果，就其大小程度而言，汇率变量对发展中国家和新兴经济体国家服务贸易进口的影响要大大高于主要发达国家。

第八章建立贝叶斯平均分类回归模型（Bayes Average Classification and Regression Model，BACRM），在此基础上，分别使用人民币对美元、欧元、日元、港元等货币的名义汇率进行实证预测，并对比分析预测的准确度，以期改进汇率预测的方法。研究表明 BACRM 方法具有良好的预测能力,尤其是当所预测的时间序列变动具有明显的非线性特征时,其预测效果明显优于其他预测方法。特别是在汇率变动方向准确度评价指标(DA)上,除了欧元以外,BACRM 几乎在所有我们对比分析的汇率预测序列上都优于时间序列及神经网络模型的单独预测结果。我们的研究表明 BACRM 方法在经济时间序列预测研究领域有广泛的应用范围。

第九章使用 GVAR(Global Vector Auto - Regressive)模型方法,通过对世界主要经济体构建一个增广的向量自回归模型,来分析外部宏观经济波动对中国产生的影响。GAVR 模型最突出的特点就是根据现实世界各国主要宏观经济变量的相互影响,利用数据挖掘的一些思路与方法,尽最大可能对各国经济变量之间的相互影响进行效应分析。从实证研究层面上来看,它比较接近经济现实,尤其是能够全面反映全球化不断加深,各国经济影响日益密切的开放经济环境。另外,GVAR 模型方法考虑了一国国内经济变量与外国相应经济变量之间的长期协整关系,避免了使用面板数据进行多国模型估计时,只能考虑本国经济变量长期影响的局限性。它考虑了与经济理论的分析相一致的长期互动关系,同时也能够分析现实数据所反应出的短期波动关系。第九章在建立 GVAR 模型之后,分别模拟分析了美国和欧元区 GDP 增长率负冲击、通货膨胀正冲击,以及短期利率负冲击对中国宏观经济变量产生的影响效应。研究发现,虽然中国的通货膨胀变化会受到贸易伙伴通货膨胀冲击和经济增长冲击的明显影响,但是长期具有自我回复机制,即使面对主要贸易伙伴和全球性的共同 GDP 负向冲击,中国通货膨胀仍然具有长期的稳定调节机制。在应对贸易伙伴不利的经济冲击时,中国较为显著地应用了扩张性货币政策与人民币汇率对美元贬值的调整政策。基于美国和欧元区各国经济冲击进行的模拟分析表明,当中国面对来自不同经济体或不同层次的经济冲击时,主要宏观经济变量的响应方式和反应程度都是存在差异的。当外部环境发生集体性的不利变化时,中国宏观经济受到较大幅度的负面冲击。

第十章继续在 GVAR 模型框架下分析中国主要贸易伙伴经济波动对中国外贸进出口产生的影响作用。实证研究表明,就单个发达经济体宏观变量波动的影响程度而言,美国和日本 GDP 波动对中国外贸进出口的影响要高于欧盟。三国通货膨胀冲击对中国进出口的影响都不明显。美国长期利率冲击的影响效应最大,其次是日本,欧盟长期利率正冲击对中国外贸进出口几乎没有作用。短期利率冲击的影响效应也不明显。美国金融市场变量冲击对中国外贸进出口产生了显著且复杂的影响效应。人民币汇率波动在应对外部冲击时发挥了一定作用。在面临不利的外部冲击效应时,人民币汇率几乎都有贬值过程,以此来缓解不利冲击的负面影响。

第十一章是对研究的总结,同时从新常态下中国外贸发展面临的挑战、人民币汇率制度改革取向、推动外贸持续增长并增加贸易利益等方面进行了思考与总结。

1.2 进一步研究的思考与建议

本书内容是笔者对前期研究成果的梳理总结。从研究的发展阶段上来看,笔者的博士学位论文主要关注的是人民币汇率变动对进出口价格的不完全传递效应,本书研究成果基本可以看作是博士研究主题的延伸。如果说能够有一些内容算得上是创新的话,可能主要还是对于人民币汇率变动效应的研究成果上。本书分别从汇率变动在贸易调整上的国别差异、汇率变动及波动风险产生的贸易调整效应、服务贸易发展效应等多层次、多角度探讨汇率变动的贸易效应,同时,考虑到开放经济环境下外部经济冲击对中国宏观经济的影响作用,其间还伴随汇率调整及宏观政策变动的应对,在研究视角上可能对现有的众多相关研究有一些补充作用。

在本书的整理过程中,笔者也特别注意到本书的研究内容仍有不少不足之处,这些也是未来进一步研究可以重点考虑的内容。首先,由于研究汇率的相关理论内容较多且较为丰富,因此本书在理论发展方面贡献甚少。其次,本书中收录的研究,以实证研究为主,而随着经济环境不断变化,有些以往成立的实证规律、实证结论,可能在新的经济形势下有所变化,或者结论会被削弱,因而,实证研究也需要不断跟随时代发展而推进。最后,虽然本书也有两章关于开放经济背景下外部冲击传导机制及影响效应的研究成果,但是研究的结论还是比较粗浅的。而开放经济背景下宏观政策的制定、最优政策搭配规则的研究仍然需要进一步深入。

第二章 CHAPTER 2 入世后中国对外贸易发展趋势与特征

自中国改革开放以来，外贸特别是出口作为拉动经济增长的“三驾马车”之一，一直是中国政策层及学术界关注的重要对象。如果说中国改革开放政策的实施，在中国开放市场的同时，也令世界市场向中国打开了大门，那么，当中国于2001年正式加入WTO后，世界贸易市场则完全向中国商品敞开了大门。加入WTO以后，中国对外贸易发展迅速，以至于人民币汇率变动对贸易进出口的理论影响效应在一段时间里遇到了质疑。随着中国改革开放政策的实施，相关的价格体制、汇率制度、外贸体制、宏观经济政策都发生了一系列重要的变化。随着中国成功加入WTO，中国的外贸顺差逐年增加，外汇储备迅速增长，引发主要贸易伙伴关于中国是否应该升值人民币汇率的争论。

应当看到，中国加入WTO以后，是外贸增长最为迅速的阶段。融入世界大市场，使中国劳动力相对丰裕的优势得以有效发挥，贸易活力迅速发展。而与此同时，由于劳动要素与其他要素之间的不匹配，使依靠外贸拉动经济增长也产生了资源错配与重复投资、生产过剩的不良后果。因而，正确认识中国外贸进出口的发展变化特征，剖析人民币汇率变化所起的作用机制，是本章重点探讨的主要议题。

2.1 加入 WTO 以后中国外贸进出口变化趋势及特征

2.1.1 外贸进出口总额迅速增长

加入 WTO 之后，中国外贸出口增速显著高于改革开放后二十年的发展。由图 2.1 可以看到，虽然自 20 世纪 90 年代开始，中国外贸进出口增速已经显著高于 80 年代，但是加入 WTO 之后的增长速度则大大高于前期发展。

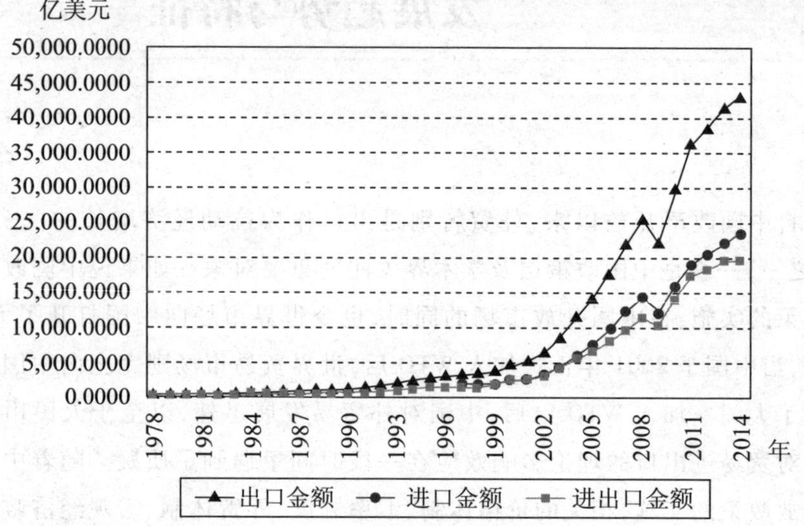

资料来源：WIND。

图 2.1 改革开放以来中国外贸进出口增长情况

如图 2.1 所示，自改革开放以来，从进出口总额增长情况来看，在 1978 年至 2000 年，中国外贸进出口虽然也有增长，但是增速显然是比较缓慢的。以美元计价的同期中国外贸进出口总额年均增长率为 15.88%。而自从中国于 2001 年加入 WTO 以后，进出口的增长速度陡然增加。在 2008 年美国爆发金融危机冲击世界经济以前的 7 年间，以美元计价的中国外贸进出口总额年均增长率达到了 23.8%。入世十周年之后，中国成为世界第一大出口国和第二大进口国。

2009 年,由于美国金融海啸冲击世界经济,中国外贸发展也没能独善其身。当年以美元计价的外贸进出口总额下降 13.88%,这在中国外贸发展史上尚不多见。但是随着世界经济步入复苏阶段,中国外贸进出口又恢复了快速增长的势头。

自 2014 年以来,由于世界大宗商品价格持续下跌,而中国自己也进入经济结构调整的重要阶段,对传统原材料的需求发生变化,进口增长乏力。特别是进入 2015 年以后,外贸进出口同比增速不断下滑,2015 年 1 月至 11 月,进口同比增速始终在负增长区间,而出口同比增速除了在 2 月、6 月为正以外,其余月份也都是位于负增长区间。外贸增长面临的不确定性不断增加。

2.1.2 外贸出口占世界总出口比重显著上升

我国加入 WTO 以后,外贸出口占世界出口比重不断上升。从 2000 年不足 4% 上升到 2015 年的 13.8%,净增长接近 10 个百分点。

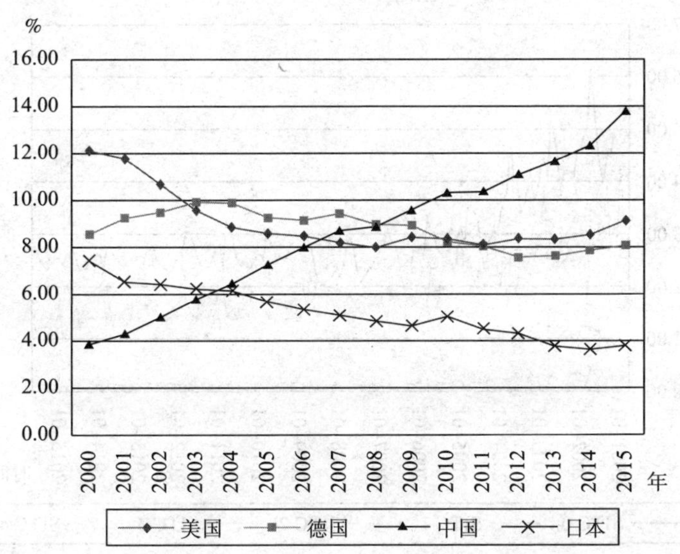

资料来源:WIND。

图 2.2 主要国家出口占世界总出口比重变化情况

由图 2.2 显示的变化趋势可以看到,在 2000 年到 2015 年间,中国出口占世界总出口的比重一直保持了增长趋势,在 2009 年受美国金融危机冲击略有放缓，但是在随后的2014到2015年则呈现加速增长的趋势。与此相对应，日本出口占世界总出口的比重则一直呈现下降趋势。而美国出口占世界总出口比重在2008年以前呈下降趋势，但是2008年以后则有小幅度增长。相对而言，德国出口占世界总出口比重的变化则比较平稳，虽然在2003年到2011年间略有下降，但是随后又呈现上升趋势。相比较而言，在世界主要出口国中，中国出口比重上升最快，幅度也最大。

2.1.3 外贸进出口结构不断改善

加入WTO以后，中国进出口商品结构不断改善，初级产品出口比重显著下降，制成品出口比重明显上升，而在2012年前后，主要进口商品类别比重的发展趋势发生了变化。

1. 进出口商品类别构成发生了显著变化

(1)初级产品出口比重显著下降，工业制成品出口比重明显上升

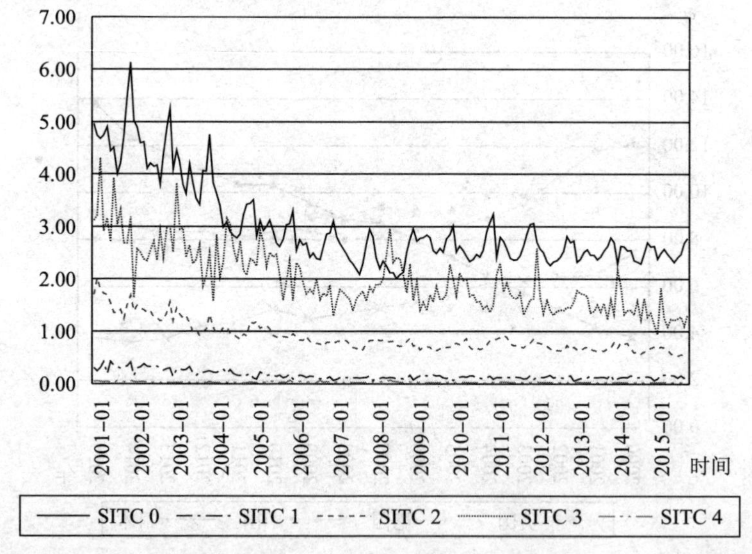

数据来源：WIND。

注：初级产品包括，SITC0类食品及活动物，SITC1类饮料及烟类，SITC2非食用原料，SITC3矿物燃料、润滑油及有关原料，SITC4动植物油、脂及蜡。

图2.3 初级产品出口比重变化

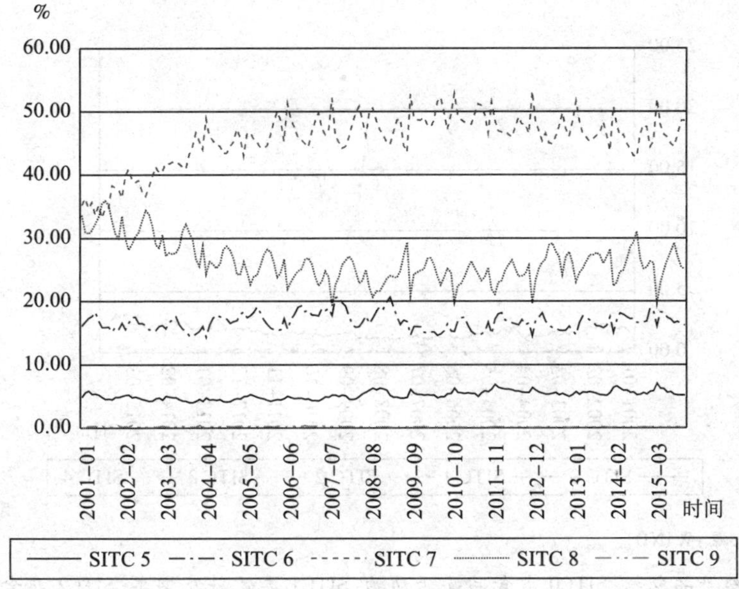

资料来源：WIND。

注：工业制成品包括 SITC5 化学成品及有关产品，SITC6 按原料分类的制成品，SITC7 机械及运输设备，SITC8 杂项制品，SITC9 未分类的商品及交易品。

图 2.4　工业制成品出口比重变化

由图 2.3 和图 2.4 显示的变化趋势可以看到，加入 WTO 以后，中国外贸出口中初级产品的比重迅速下降。其中，食品及活动物类商品出口比重由 2001 年 12 月的最高值 6.13% 下降到 3% 左右，降幅超过一半。SITC3 矿物燃料类商品的出口比重同期也下降一半左右。与此同时，图 2.3 显示，加入 WTO 之后，中国 SITC7 机械及运输设备商品出口比重迅速上升，由刚加入 WTO 的 35% 上升到 50%，成为最主要的出口商品类别。

（2）在 2012 年前后，主要进口商品比重的发展趋势发生了改变

由图 2.5 和图 2.6 可以看到，加入 WTO 以后，中国 SITC2 非食用原料与 SITC3 矿物燃料、润滑油及有关原料的进口比重显著增加。但是在 2012 年之后有所下降。就工业制成品进口比重而言，SITC7 机械及运输设备是主要的进口商品类别，加入 WTO 之后其进口比重有所下降，但是 2012 年之后呈现上升趋势。另外，SITC6 类按原料分类的制成品进口比重在中国加入 WTO 之后呈现下降趋势，进口比重由最高时的超过 18% 下降到 10% 左右。

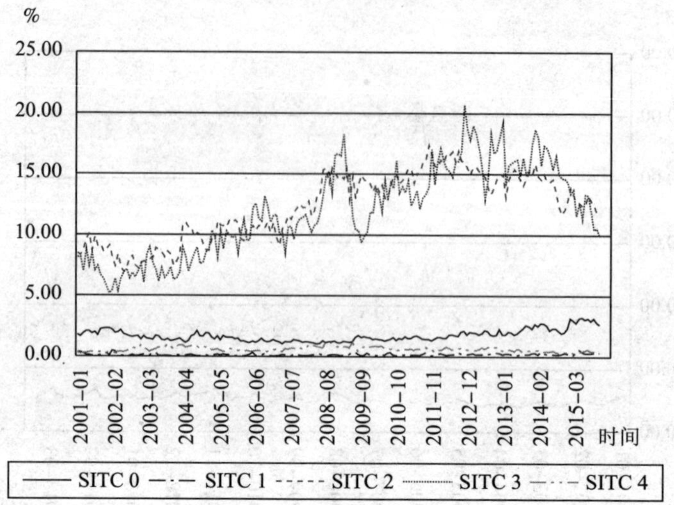

资料来源：WIND。

注：初级产品包括，SITC0 类食品及活动物，SITC1 类饮料及烟类，SITC2 非食用原料，SITC3 矿物燃料、润滑油及有关原料，SITC4 动植物油、脂及蜡。

图 2.5　初级产品进口比重变化

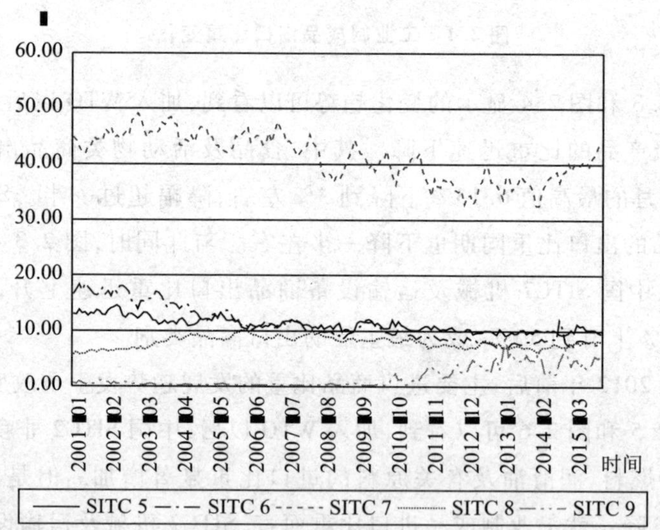

资料来源：WIND。

注：工业制成品包括 SITC5 化学成品及有关产品，SITC6 按原料分类的制成品，SITC7 机械及运输设备，SITC8 杂项制品，SITC9 未分类的商品及交易品。

图 2.6　工业制成品进口比重变化

2. 外贸经营主体结构也发生了变化

由于数据统计期间只有 2005 年 7 月至 2014 年 12 月，因此我们就以此段时间内的各外贸经营主体进出口结构变化作为分析时段。由图 2.7 可以看到，在 2005 至 2014 年，国有企业和外商投资企业出口比重都有所下降，且降幅也比较接近。而与此同时，其他性质企业的出口比重显著上升。由于在我国，除国有企业和外商投资企业外，基本都是民营企业，因此，从图 2.7 各外贸主体出口占比变化可以看到，我国民营经济在外贸出口中正发挥着越来越重要的作用。

由图 2.8 所表明的各经营主体进口占我国总进口月度比重变化趋势可以看到，在 2005 年至 2014 年，国有企业和外商投资企业进口比重都有所下降，但在 2013 年以前，外商投资企业进口比重降幅要明显高于国有企业。而在 2013 年以后，外商投资企业进口比重有所回升，但是国有企业进口比重又呈现出新的下降趋势。而在 2005 年至 2014 年，民营企业的进口比重始终保持了稳定上升的趋势。

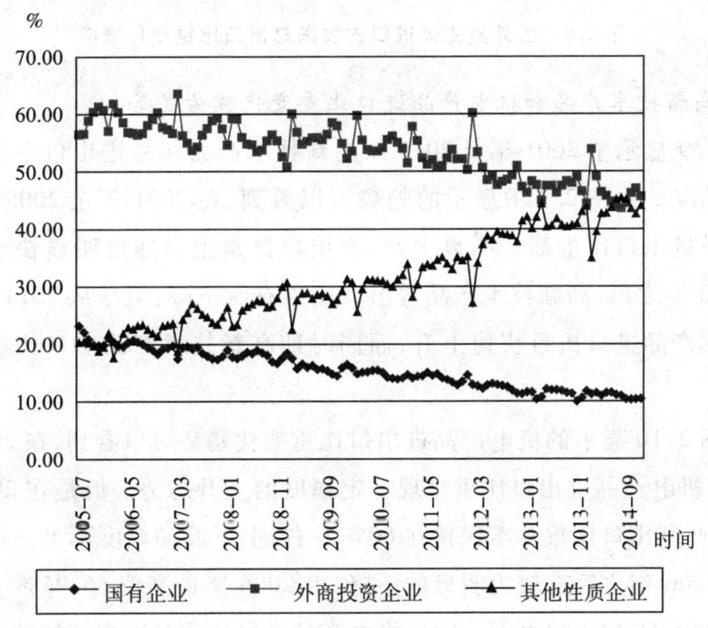

资料来源：WIND。

图 2.7 各外贸主体出口占我国总出口比重变化情况

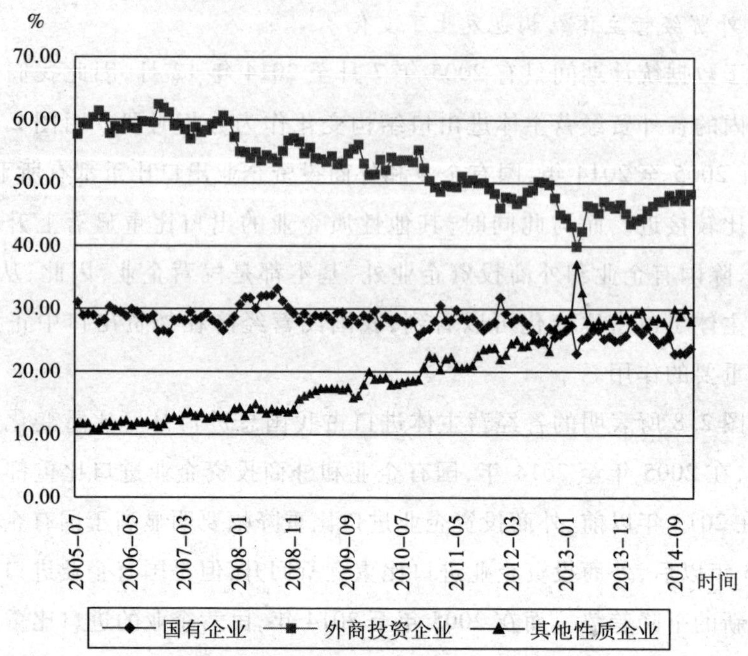

资料来源：WIND。

图 2.8 各外贸主体进口占我国总出口比重变化情况

3. 高新技术产品和机电产品进口比重变化较为显著

图 2.9 显示了 2001 年至 2015 年高新技术产品在总进出口中所占的比重变化情况。由图 2.9 中显示的趋势可以看到，在 2001 年至 2005 年，高新技术产品进出口比重都有明显上升，而出口比重上升速度明显快于进口比重。2010 年之后，高新技术产品进出口比重有所下降，但是从 2014 年开始，高新技术产品进口比重快速上升，而同时期高新技术产品出口比重基本没有变化。

由图 2.10 显示的机电产品进出口比重变化趋势可以看到，在 2001 年至 2005 年，机电产品进出口比重呈现一定幅度的上升态势。但是在 2005 年之后，机电产品出口比重基本保持在 60% 左右，上下波动幅度不大。而进口比重则在 2006 年之后有较为明显的下降，由 2006 年最高值 56.95% 下降到了 2014 年初不足 39% 的水平。随后机电产品进口比重又出现了快速回升的态势，于 2015 年末回复到约 50% 的水平上。

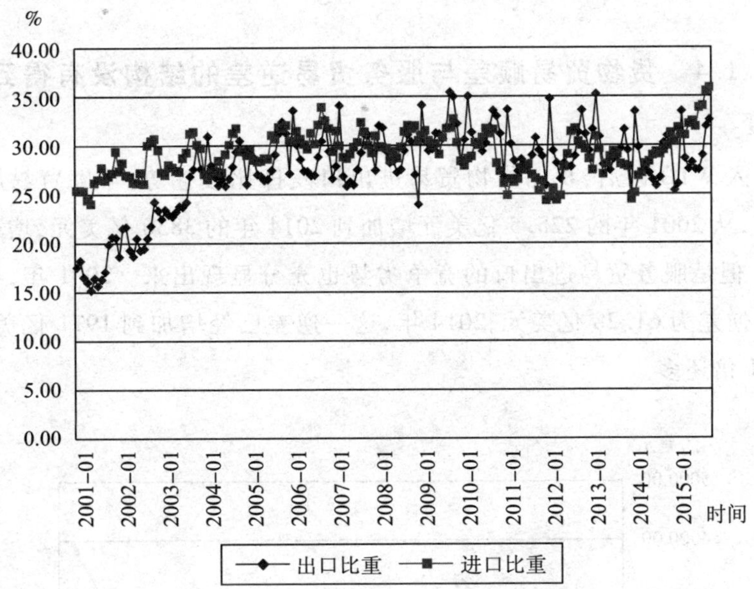

资料来源：WIND。

图 2.9 高新技术产品在总进出口中的比重

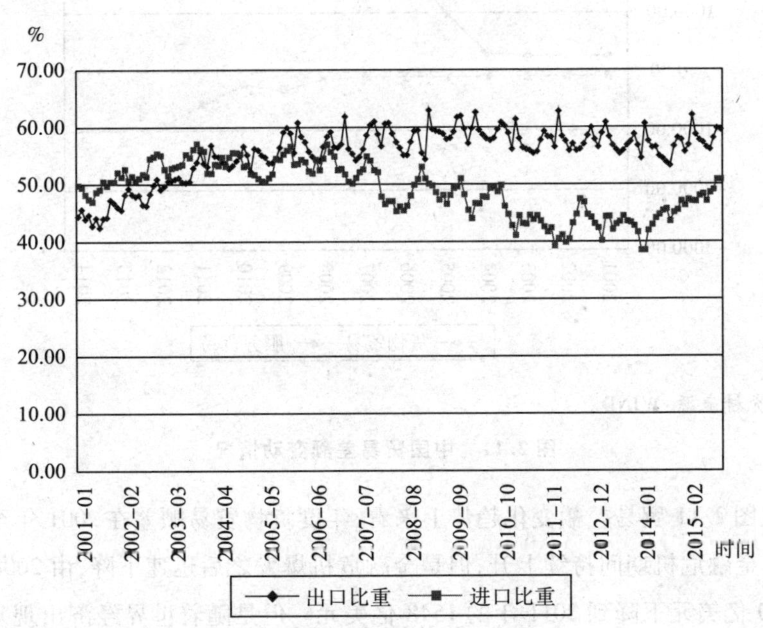

资料来源：WIND。

图 2.10 机电产品进出口比重变化

2.1.4 货物贸易顺差与服务贸易逆差的结构没有得到根本性改变

加入 WTO 以后,我国货物贸易进出口发挥比较优势,年度贸易顺差不断增加,从 2001 年的 225.5 亿美元增加到 2014 年的 3830 亿美元,增长了近 16 倍。但是服务贸易进出口的竞争劣势也充分显现出来。2001 年,我国服务贸易逆差为 61.28 亿美元,2014 年,这一逆差已经增加到 1971 亿美元,增长了 31 倍还多。

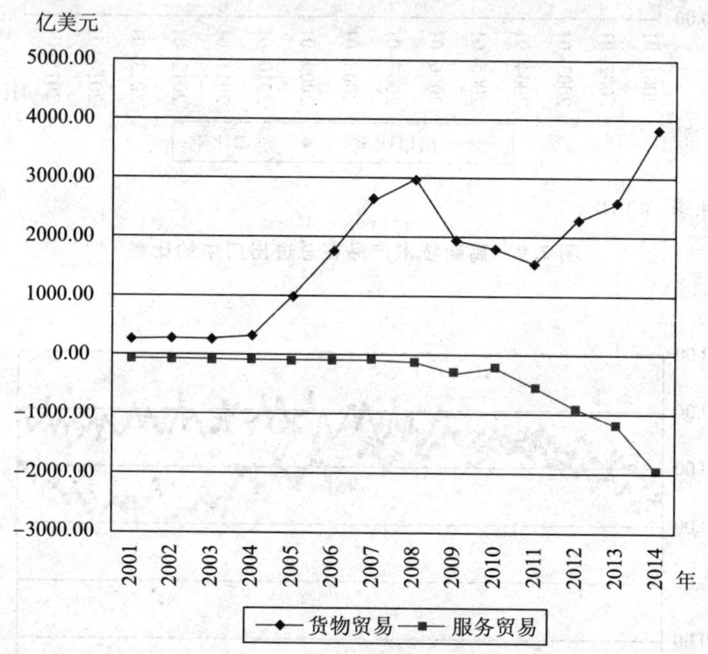

资料来源:WIND。

图 2.11 中国贸易差额变动情况

从图 2.11 贸易差额变化趋势上来看,年度货物贸易顺差在 2001 年至 2008 年美国金融危机期间持续上升,但是金融危机爆发之后迅速下降,由 2008 年的近 3000 亿美元下降到 2011 年的 1548 亿美元。但是随着世界经济出现复苏趋势,年度货物贸易顺差又开始快速增长,2014 年达到 3830 亿美元。

服务贸易则保持了持续的逆差增长趋势。在 2001 年到 2008 年,服务贸易逆差增长的幅度并不很明显。但自2009年之后,服务贸易年度逆差额迅速增加,而且出现了加速增长的趋势。

2.1.5 加工贸易与一般贸易比重出现变化趋势

在2007年以前,我国加工贸易总额都是高于一般贸易,成为对外贸易的主力军。然而,在2008年美国金融危机后,加工贸易年度增长率明显下降,一般贸易额迅速超过加工贸易。

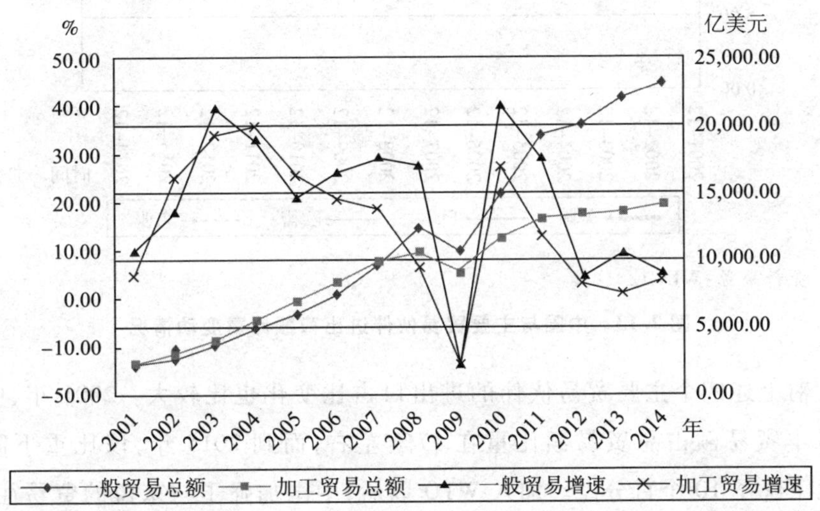

资料来源:WIND。

图2.12 加工贸易与一般贸易变动情况

由图2.12变化趋势可以看到,2008年以后,加工贸易增长速度显著下降,一般贸易额开始超过加工贸易,而且两者之间的差距越来越大。

2.1.6 中国外贸进出口的区域结构发生了显著变化

在2001年加入WTO以后,中国对主要贸易伙伴外贸进出口比重发生了较为显著的变化。

图2.13显示了中国与美国、日本、欧盟、东盟进出口额在总进出口额中所占比重的变化情况。在2001年12月至2015年11月,中国对上述四个贸易伙伴的进出口总额占总进出口额比重从55.16%下降到45.94%,从总体上来看,中国外贸进出口对象变得更加分散。

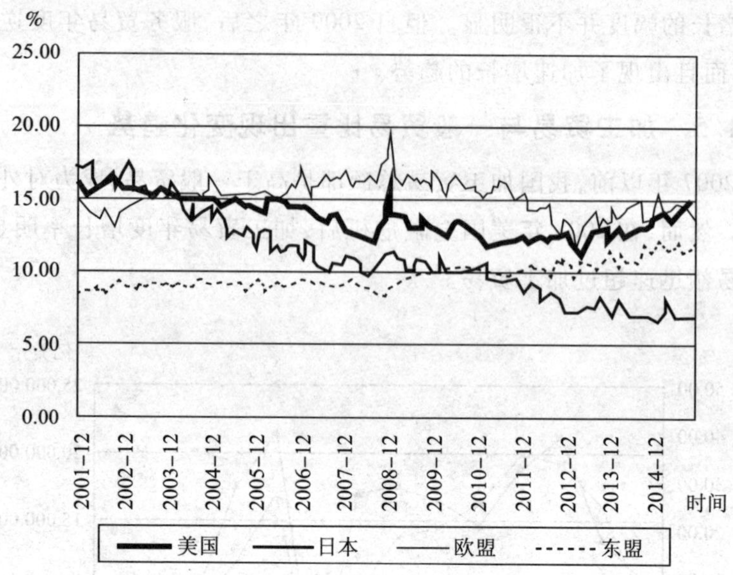

资料来源：WIND。

图 2.13 中国与主要贸易伙伴进出口额比重变动情况

对上述四个主要贸易伙伴的进出口占比变化也比较大。2001 年，中国与日本贸易额占总贸易额比重在 17% 左右，而到 2015 年，该比重下降到 7%，下降了 10 个百分点。加入 WTO 以后，中国加强了与东盟的贸易往来。2001 年，中国与东盟贸易额比重约为 8%，而到 2015 年，该比重上升到 11.8%。自 2001 年至 2011 年，中国与美国贸易额占比由 15% 下降到 12.25%，随后又略有上升，2015 年该比重约为 14.2%。同期对欧盟贸易进出口比重也发生了显著的波动变化。

从总体变化趋势来看，欧盟和美国一直是中国外贸进出口的主要贸易伙伴，东盟的作用显著上升，但是与日本的贸易进出口比重显著下降。

2.1.7 中国商品进出口的贸易条件有所改善

加入 WTO 以后相当长的一段时期里，中国贸易条件是有所恶化的。特别是在 2002 年到 2005 年，贸易条件指数最低时只有 88。①

① 本文使用 WIND 数据库中 HS2 分类的出口价格总指数与进口价格总指数之比来衡量贸易条件变化情况。

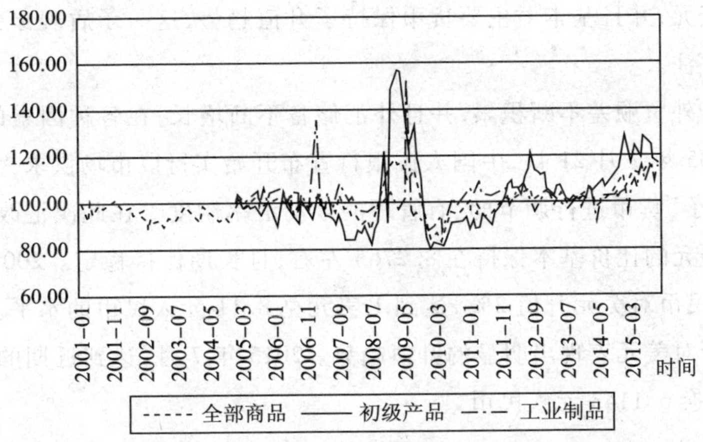

资料来源:WIND。

图 2.14 中国贸易条件变化情况

在 2008 年美国金融危机期间,一直到 2011 年,中国总体贸易条件指数出现较大幅度的波动。随后,从 2011 年开始,贸易条件指数逐步回升。2015 年全年的贸易条件指数基本在 110 以上。实际上,自 2014 年以来,由于国际大宗商品价格不断下跌,我国进口商品价格总水平不断下降,这是造成我国贸易条件指数明显改善的主要固执。

如果从产品分类来看,在 2008 年金融危机之前,初级产品的贸易条件指数显著低于工业制品。在 2008 年到 2009 年危机期间,初级产品贸易条件指数显著改善。但是在随后的两年中,初级产品贸易条件指数又恶化了。从 2012 年开始,我国初级产品贸易条件指数又开始高于工业制品。

从图 2.14 中贸易条件指数的变动趋势来看,自 2011 年世界经济缓慢复苏以来,我国贸易条件指数是逐步改善的。虽然贸易条件改善的来源主要是国际大宗商品价格下跌所致,但是毕竟我国出口品的相对价格有所上升,贸易福利得到了有效改善。

2.2 人民币汇率波动与贸易顺差变化

2.2.1 加入 WTO 以来人民币汇率体制的重要变革

加入 WTO 以后,由于中国外贸顺差迅速增长,而同时人民币汇率却一直钉住美元,并且基本对主要货币保持了升值趋势,这一矛盾现象引起各界广泛的关注。

由于外贸顺差不断积累,并且外汇储备不断增长,在各种因素的综合影响下,2005 年 7 月 21 日,中国人民银行宣布开始实行以市场供求为基础、参考“一蓝子”货币进行调节的、有管理的浮动汇率制度。在此次汇改之前,人民币兑美元的比价基本保持在 8. 2765 左右,且长期保持稳定。2005 年汇改当日,人民币对美元升值 2% ,达到 1 美元兑 8. 11 元人民币的水平。随后人民币开始对美元表现出明显的升值趋势。2015 年 7 月,达到近期的高点,为 1 美元兑换 6. 1143 元人民币。

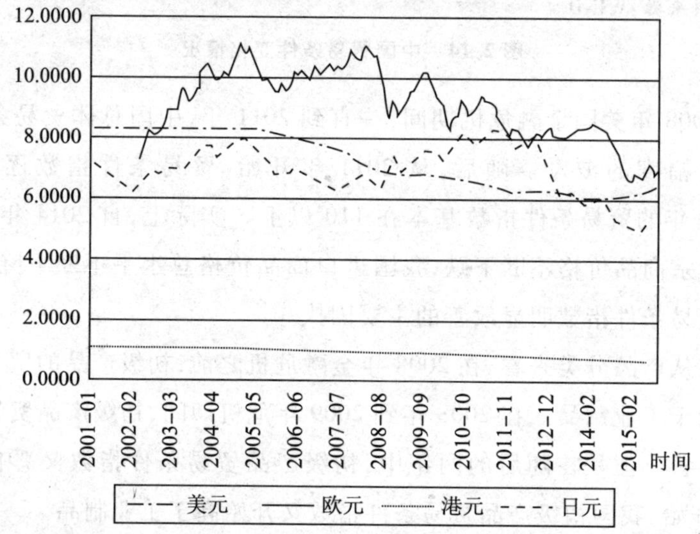

资料来源:WIND。

注:图中显示的是 2001 年 1 月至 2015 年 12 月人民币兑主要货币月度平均值。除日元是 100 日元兑换的人民币数量外,其他主要货币都是 1 单位外向兑换的人民币数量。

图 2. 15　人民币与主要货币汇率变动情况

从图 2.15 中人民币与主要货币汇率变动情况可以看到,由于港币也是钉住美元,因此人民币与港币汇率基本稳定。但是,由于欧元和日元对美元是自由浮动的,因而在 2001 年至 2015 年,人民币兑欧元和日元汇率仍然表现出较大幅度的波动。

在此期间,人民币外汇管理体制还出现一系列的调整。2007 年 5 月18 日,人民银行宣布银行间即期外汇市场人民币对美元交易价浮动的幅度由千分之三扩大到千分之五。随后于 2007 年 5 月 21 日,银行间市场人民币对美元汇率的日波幅从上下 0.3%扩大至上下 0.5%,并继续于 2012 年 4 月 16 日扩大至1%。2015 年 8 月 11 日,中国人民银行宣布自当日起,做市商在每日银行间外汇市场开盘前,参考上日银行间外汇市场收盘汇率,综合考虑外汇供求情况以及国际主要货币汇率变化情况,向中国外汇交易中心提供中间价报价。

显然,人民币汇率管理体制的一系列变化明确地以市场化为导向,通过不断增大汇率波动幅度,改变以往钉住美元的做法。从汇率体制改革的方向来看,未来人民币汇率波动将通过外贸结算风险、外汇交易风险等各种因素影响外贸主体,并进而对贸易顺差的调整起到应有的影响作用。

2.2.2 加入 WTO 以后中国对主要贸易伙伴贸易顺差变动趋势

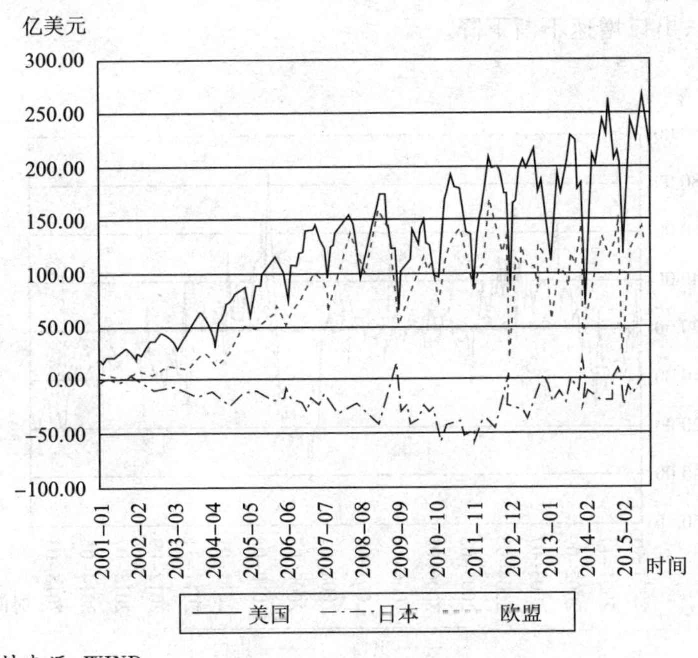

资料来源:WIND。

图 2.16 中国对美日欧贸易顺差变动情况

由图 2.16 可以看到,虽然 2005 年人民币对美元汇率体制进行了第二次改革,并进行了一系列调整,而且之后人民币不断升值,但是在 2001 年到 2015 年,中国对美国的贸易顺差却一直呈现增长趋势。虽然在 2008 年美国金融危机期间顺差水平有所下降,但是随后很快恢复增长趋势。人民币对欧元汇率虽然也有较大幅度的波动,但是在 2001 年到 2009 年,中国对欧盟的贸易顺差也快速增长,随后保持在较高的水平上。在 2001 年至 2015 年,中国对日本的贸易差额主要是逆差,而在此期间人民币对日元汇率出现了波动中升值的趋势。

2.3 美国金融危机之后中国外贸遇到的挑战

2.3.1 以需求为导向的外贸出口难以持续增长

虽然在 2008 年美国金融危机之后,世界经济从 2010 年开始缓慢复苏,但是,在全球性的结构调整以及经贸规则变化的作用下,我国外贸出口增长遇到困难,出口增速不断下降。

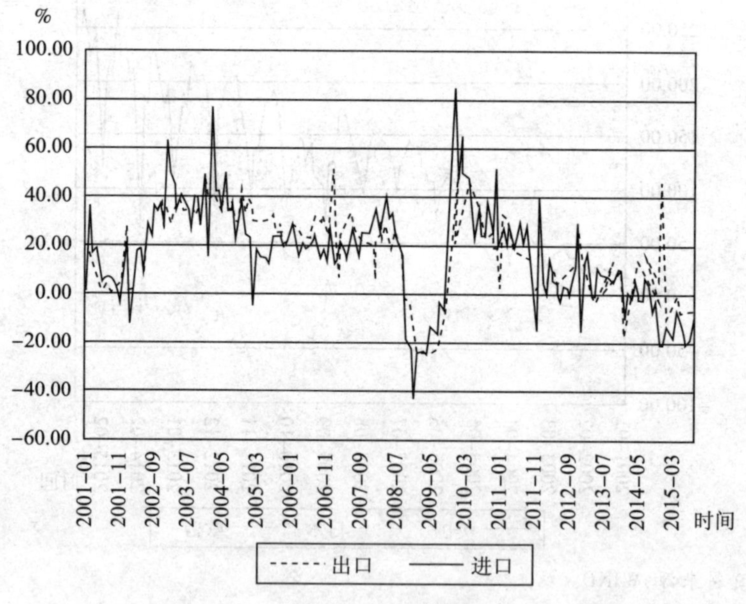

资料来源:WIND。

图 2.17 中国外贸进出口同比增长率变化情况

图 2.17 显示了 2001 年到 2015 年我国外贸进出口同比增长情况。从图上变动趋势可以看到,除了在金融危机期间的特殊阶段外,我国出口同比增幅基本都是为正的。然而,从 2013 年开始,出口开始在某些月份出现负增长,而 2015 年只有 2 月和 6 月是正增长,其余月份都是负增长。

由于金融危机之后美国也开始注重发展制造业,发达经济体虽然也略有复苏,但是经济增长的基础并不牢固。同一时期,欧盟和日本经济增长也较为疲弱,这些都是中国外贸增长乏力的外部影响因素。此外,在全球经贸规则重构的大背景下,一些区域性经济贸易组织加强了内部的经贸往来,对我国的出口增长也造成一定压力。我国已经是世界第一大出口国,外贸出口持续高速增长难度不断加大。在当前的世界经济贸易格局下,我国外贸发展的重点应该是注重贸易利益的增长,而不应该单纯注重贸易进出口的增长速度。

2.3.2 要素价格上升冲击加工贸易发展

我国改革开放以后形成的国际贸易竞争优势主要来源于价格低廉的劳动力,以及各地鼓励外商投资的优惠政策而形成的加工贸易竞争优势。

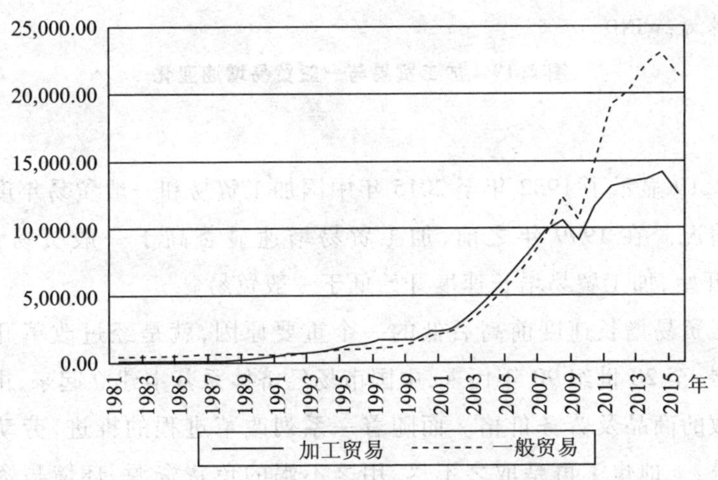

资料来源:WIND。

图 2.18 加工贸易与一般贸易额变动情况

图 2.18 显示,在整个 90 年代,我国年度加工贸易额始终高于一般贸易。然而在 2008 年,一般贸易额超过了加工贸易额。之后,加工贸易增长速度显著下降,其贸易总额与一般贸易额之间的差距越来越大。

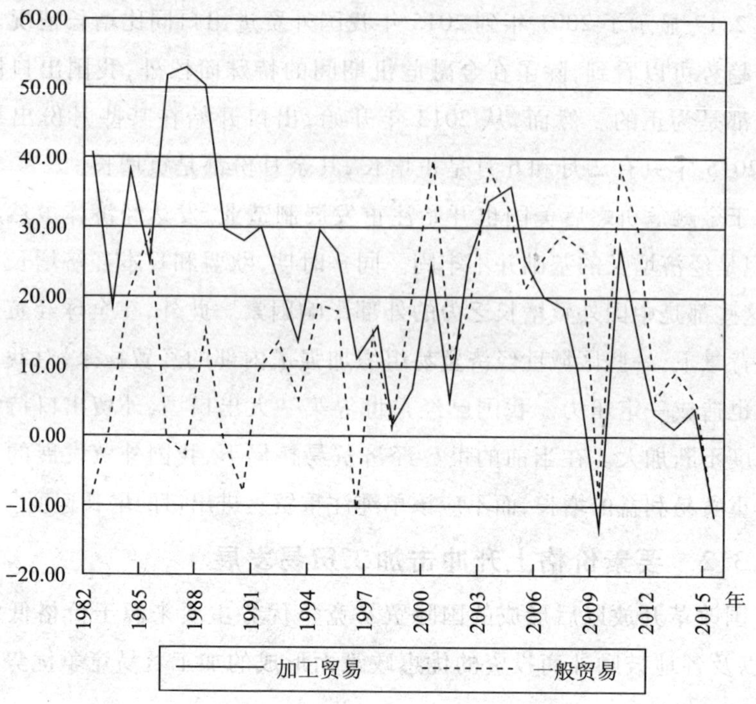

资料来源:WIND。

图 2.19 加工贸易与一般贸易增速变化

图 2.19 显示了 1982 年至 2015 年中国加工贸易和一般贸易年度增长率的变动情况。在 1999 年之前,加工贸易增速显著高于一般贸易,但是从 1999 年开始,加工贸易增长速度开始低于一般贸易。

加工贸易增长速度前高后低的一个重要原因,就是经过改革开放二十年的发展,至 20 世纪 90 年代末,中国市场经济体系基本建立起来,由市场决定大多数的商品及劳务价格。而随着一系列改革进程的推进,劳动力成本逐渐上升,土地也不再是取之不尽、用之不竭的免费资源,环境与资源能源之间的矛盾开始显现,使这些生产要素的价格竞争力逐渐减弱,也因此削弱了加工贸易赖以生存与发展的基本条件。

2.3.3 产能过剩与外贸出口竞争力下降之间存在难以调和的矛盾

由于体制性原因、经济周期转换等原因,我国经济转轨时期的产能过剩现象比较突出。实际上,早在我国加入 WTO 之后不久,学术界就已经关注到产能过剩的问题。周业樑、盛文军(2007)就分析了我国转轨时期产能过剩的原因,对产能过剩的效应进行了经济学分析,并提出了相关的政策建议。在政策建议部分,他们明确指出要鼓励对外直接投资,积极开拓国际市场,拓展市场容量和市场边界。中国企业报于 2010 年 7 月 26 日发布的新闻调查指出,产能过剩行业转向国际市场,"出海"成了产能过剩行业企业的"速效救心丸"。国家行政学院经济学教部课题组(2014)分析了我国产能过剩的原因和机理,并提出了相应的对策建议。其中长期治理对策中,就包括了利用国际市场化解产能过剩的方案。杨振兵(2015)基于产能利用率在生产侧与消费侧进行了分解,测算了中国 31 个省市区的工业部门产能过剩指数。他提出治理产能过剩需要弱化地方政府干预经济的能力,并且需要鼓励中国工业企业的海外投资行为。

学术界已经深入探讨了化解过剩产能与利用国际市场之间的联系。在当前我国传统外贸竞争优势不断下降的背景下,试图通过扩大出口寻求海外市场来缓解国内产能过剩的压力,从政策建议方面来看,确实不失为一种好的方案,但是实现起来仍然是比较困难的。从宏观经济循环过程来看,外贸出口也是完成商品生产循环、实现商品价值、获取外汇收入的主要环节,然而,长期以来,由于国内投资效率逐渐下降、重复建设现象严重,结果造成产能过剩现象突出。而恰在美国金融危机之后,世界性的经济周期波动又加大了中国国内产能调整的难度,加之劳动力要素成本上升,使中国经济结构调整越发难上加难。

我们认为,我国长期以来形成的国际分工路径依赖恰恰是造成目前产能过剩的一种重要原因。因而,通过对外贸易结构调整转变外贸发展方式,不仅仅是出于缓解国内过剩产能的需要,更是我国有效获取外贸利益、提升我国在全球价值链中地位的需要。

2.3.4 长期依靠价格竞争形成的竞争优势难以为继,对外贸易的发展方式需要根本性变革

改革开放战略为我国参与国际分工带来了机遇,但是缺乏先进技术、生产观念落后、企业家资源匮乏等一系列问题,又使我国外贸发展落入过度依赖价格优势、缺乏创新能力这样一种高度路径依赖的恶性循环。

在世界需求出现波动、其他新兴经济体竞争加剧的情况下，当前我国迫切需要结合经济结构调整的发展战略，同时推进对外贸易发展方式的转变，要由以往依靠低技术产品形成的低价格优势转变为高质量产品出口的竞争优势，由以往位于全球价值链低端的生产状况转变到依靠创新技术、创新产品形成的竞争优势上来。

第三章

CHAPTER 3

汇率波动与贸易调整：关于研究进展的文献综述

汇率波动与贸易调整的研究一直以来都是国际经贸领域研究的重点问题。在理论框架方面，基于局部均衡视角的研究为数众多，而一旦到了一般均衡领域，则研究内容往往拓展到针对宏观政策的讨论，汇率波动的贸易调整效应则成为了经济波动国际传导效应的一种渠道。

在中国于2001年加入WTO以后，关于人民币汇率波动的贸易调整效应也逐渐受到国外学者的关注与研究。在本章对相关文献的回顾过程中，发现近十年来外国学者研究人民币汇率波动对中国贸易进出口影响效应的文献数量不断增加，而且其研究视角也不断趋于多样化。比如，Thorbecke(2011)就分析了人民币汇率对中国加工贸易出口的影响作用。

由于汇率波动的贸易调整效应研究文献数量实在太过庞大，本章并不打算对其全面回顾。试图对其进行全面回顾也难免有以偏概全的嫌疑。基于此，本章主要结合近期较新的研究成果，结合国际贸易领域相关研究的进展，部分地回顾汇率波动与贸易调整研究的文献成果，以期对较新的研究进展有所梳理与总结。

关于汇率波动的贸易调整效应，在早期马歇尔－勒纳条件基于弹性理论的分析之上，并特别注意到汇率波动的"J曲线"效应之后，近期关于该领域的研究，往往从以下几个方面进行深化。

3.1 基于局部均衡模型的研究进展

在研究方法上,目前大量的研究是基于局部均衡方法的实证研究,此类研究往往用于验证理论模型的适用性,或通过不同的研究视角对汇率变动作用于贸易调整的过程进行探讨,以期更好地理解汇率变动对贸易进出口的作用机制与作用程度。

3.1.1 汇率波动对贸易调整的分解效应:汇率传递的作用

汇率波动通过影响进出口价格的调整,进而作用于外贸进出口,这是近年来基于分解效应研究视角的一个重要进展。由于各种因素的综合作用,如依市场定价、菜单成本、不完全竞争等,进出口商往往会通过自己承担一部分汇率调整产生的成本效应,而不是将汇率变动的名义价格调整效应完全反映到市场上去,这就产生了不完全汇率传递效应。不完全汇率传递效应的存在,是汇率变动对不同类别产品进出口效应存在差别的一个重要因素,因而也是近年来学术界关注的一个重要议题。在汇率不完全传递效应的框架下,该领域的研究更容易与近年来国际贸易研究中的异质性企业理论相结合。Brun - Aguerre 等(2012)分析了进口品汇率传递程度的影响因素。研究认为,目标国的一些经济要素可以解释总体传递程度的三分之一,而其余的解释因素主要来源于无法观测的特定国家要素。对新兴市场经济体而言,通货膨胀、汇率波动性、开放度和相对富裕水平对传递程度有重要影响,而产出缺口和保护程度则具有更加普遍性的影响作用。此外,由于汇率变动程度不同而产生的非线性的传递差异性是普遍存在的现象。

De Bandt 和 Razafindrabe(2014)分析了出口商发票货币对汇率传递程度的影响。研究表明,多国框架下的有效汇率传递水平主要是由各国与美国之间的双边传递率决定的。短期内有效汇率传递程度是不完全的,但是长期是完全的。此外,通过估计汇率传递程度的时变特征,他们发现 2008 年全球金融危机曾使有效汇率传递程度短期上升,而从长期来看,汇率传递程度没有明显的下降趋势。

Bernini 和 Tomasi(2015)发表在《欧洲经济评论》(European Economic Review)上的文章就分析了汇率传递与产品质量差异之间的关系。他们重点研究了进口投入品质量与出口品质量差异对出口商汇率传递程度的影响作用。在他们的分析框架中,生产高质量出口产品需要高质量的投入品,而这些投入品是在外国市场上以垄断竞争方式供应的。他们的理论分析表明,使用进口投入品的出口商具有较低的汇率传递程度,但是对于出售高质量产品的出口商而言,这种影响作用并不大。他们认为,这是由于提供不同质量进口投入品的外国供应商在面对汇率变动时,其价格调整程度是不同的。文章使用意大利在2000—2006年的数据进行了实证验证。结果证实,对高质量出口品而言,进口中间投入品显著地弱化了其汇率传递幅度的下降趋势。

由于汇率传递效应会通过价格变动机制作用于一国的通货膨胀水平,因而不完全汇率传递既能反映不同类型外贸企业在国际市场上的定价能力,还可能会影响一国宏观调控政策的作用方式与程度。此外,在贸易调整效应的作用机制上,汇率传递延伸了讨论的政策内涵,因为一国货币供应的波动会作用于价格,因而,通过汇率传递机制,货币波动也会间接作用于一国的外贸进出口。

3.1.2 汇率变动在贸易调整效应上的非对称性影响

关注汇率变动在贸易调整效应上的非对称性的文献,可以按照其研究视角分为两大类:一类研究汇率升值与贬值及其程度差异而产生的非对称效应;另一类研究同等程度的汇率变动对不同类别商品或总进口及总出口影响效应的非对称性。总体而言,相关的研究结果表明,汇率变动的方向、变动的程度、升值或贬值持续的时间等都会对贸易调整效应产生非对称性影响,而相同的汇率变动对不同行业、不同产品、不同目标国产生的贸易调整效应的差异性也是广泛存在的。

由于一国货币贬值或升值对具有一定市场竞争力的企业而言,其产生的出口或进口价格优势存在差别,因而,汇率变动产生的调整效应本身就会存在不对称性。El bejaoui(2013)研究了日本、德国、法国以及美国在1981年至2011年汇率传递效应的非对称性。他在文中着重分析了汇率传递效应在短期和长期之间的差别。研究发现,进口价格和出口价格对汇率变动的反映程度依赖汇率变动的方向,而且出口商本币升值会降低其出口价格。从长期来看,货币升值对进出口价格产生的传递效应要高于贬值。

Cheung 和 Sengupta(2013)以印度非金融企业在 2000—2010 年的出口比例为研究对象,分析了实际有效汇率变动产生的影响作用。他们的研究发现,本币升值和汇率波动对印度企业出口比重的负面影响是非常显著的。而劳动成本是影响汇率变动的贸易出口效应的重要因素。此外,实际有效汇率升值对出口产生的负面影响要远高于贬值产生的正面影响。那些总销售额中出口比例较低的企业,其出口对实际有效汇率变动及汇率波动的响应程度比较高。与出口货物的企业相比,服务出口企业对汇率变动较为敏感。显然,在 Cheung 和 Sengupta(2013)的研究中,汇率变动对贸易调整产生的非对称效应是广泛存在汇率波动的方向、商品类别、企业大小等维度层面的。

当然,也还存在另一类的非对称性调整效应,就是不同程度的汇率变化,可能产生不同的调整效应。换言之,一次性或短时间的大幅度贬值与长期缓慢的贬值过程,其产生的贸易调整效应也可能存在差别。也就是说,汇率变动的贸易调整效应可能会存在非线性的特征。

Baek(2013)以及 Baek(2014)研究了汇率变动对韩国和日本以及韩国和美国双边贸易的短期影响和长期效应。结果表明,韩国对日本的出口和进口在短期内对双边汇率较为敏感,但是长期效应不明显。而汇率的不确定性和日本对韩国的 FDI 对双边贸易的作用不显著。在韩国对美国的双边贸易中,韩国主要出口商品无论短期或长期,对双边汇率、汇率波动性,以及第三国效应都非常敏感。在上述贸易关系中,两国收入对双边贸易流都具有显著的影响。

Hooy 等(2015)的研究关注了亚洲各国在生产链条上的供求关系,分析了人民币汇率变动对东盟各国与中国之间贸易进出口的影响作用。研究发现,在所有出口商品类别中,收入弹性都为正,而且高技术产品的弹性值较大。另外,人民币实际汇率变动对东盟向中国的总出口具有显著的正面影响。其中,在中高技术产品出口以及零部件出口行业,这种影响效应尤为显著。但是,研究还表明,人民币汇率变动对细分技术类别商品的出口产生的影响作用是不明确的。对于产成品类的出口商品,较高技术含量的产品对人民币贬值的敏感度较大,这与收入效应是一致的。而对于零部件产品的出口,低技术含量的产品出口对人民币贬值的敏感度较高。笔者指出,这可能是由于价格效应及最近几年跨国公司将生产从中国转向越南所导致的后果。

显然,汇率波动的贸易调整非对称效应是广泛存在而且影响显著的。这对于汇率政策的制定者而言是一个重要的挑战。因为相同的汇率变动,其产生的贸易调整效应在微观层面、时间阶段、贸易伙伴、不同技术含量产品等领域产生的影响存在显著差异。这对于分析一国汇率变动的贸易调整效应乃至福利效应,都提出了新的研究命题。

3.1.3 汇率波动风险产生的贸易调整效应

关于汇率波动对贸易进出口可能产生的负面影响,从20世纪70年代世界货币体系由布雷顿森林体系转向牙买加浮动汇率体系后,就开始有学者关注了。总体而言,理论研究认为,浮动汇率影响进出口主要通过以下几种机制:第一,汇率波动率上升意味着厂商承担的风险增加,如果企业没有有效的外汇期货对冲工具,那么它自身的风险程度就会上升;第二,如果汇率波动降低了未来的盈利能力,那么企业可能会通过增加生产和销售来弥补风险损失,结果可能导致贸易额上升。也有些学者认为,汇率波动对贸易产生的效应是受很多因素影响的,其最终结果是不确定的。(De Grauwe,1998;Dellas and Zilberfarb,1993)。

比如,实证研究发现汇率波动对贸易产生显著负面影响的研究有Arize等(2000)、Doganlar(2002)、Baak等(2007)。而另外一些学者则发现汇率波动对贸易产生了正面影响(Mckenzie and Brooks,1997;Doyle,2001;Bredin et al. 2003)。Aristotelous(2001)和Tenreyro(2007)的研究则认为结论是不明确的。

Hall等(2010)使用了一种不同的研究视角。他们将发展中国家进一步区分为新兴市场经济体(Emerging Market Economies,EMEs)以及其他类型的发展中国家。使用GMM方法和时变系数估计方法分析了汇率波动对贸易产生的影响效应。结果发现,对11个非新兴市场经济体的发展中国家而言,实证结果与其他研究者的相近。而对新兴市场经济体而言,汇率波动并未对这些国家的出口产生显著的负效应。作者认为,与其他发展中国家相比,新兴市场经济体开放资本市场可能降低了汇率波动对出口产生的影响作用。

Baum 和 Caglayan(2010)使用 13 个工业国在 1980 年至 1998 年的数据进行了实证研究,结果表明汇率变动的不确定性对贸易流变化的影响是不明确的,但是对双边贸易波动率的影响作用却显著为正。具体而言,在 143 个双边贸易与汇率不确定性关系的方程中,只有 30 个显示汇率不确定性对贸易量产生了稳定且显著的影响作用。而其中 23 个影响关系是正向的,只有 7 个回归模型显示汇率不确定性对贸易量产生了负面影响。而在 143 个对关于汇率不确定性与贸易波动性关系的实证方程中,有 81 个方程结果表明影响关系是统计显著的。其中 75 个模型结果表明汇率不确定性对贸易波动产生了显著的正面影响,也就是说,汇率不确定性增加了贸易量波动率,只有 6 个实证模型表明汇率不确定性能够降低贸易量的波动率。

Bahmani - Oskooee 等(2013)使用美国和巴西 1971—2010 年双边贸易进出口数据研究了汇率波动风险产生的贸易调整效应。结果发现,从长期来看,大多数行业进出口变动并不受汇率波动的影响。但是,在那些显示出汇率变动产生了影响效应的行业中,汇率波动风险上升产生了正面影响。此外,进出口贸易对汇率风险的敏感性在不同行业之间存在显著差异。而且那些贸易份额较小的厂商,在面对逐渐增强的汇率波动的不确定性时,其反应程度要高于贸易比重大的出口商。

Naknoi(2015)使用美国与 99 个国家的双边贸易数据研究了贸易扩展边际(extensive margin of trade)与商业周期波动之间的关系。结果发现,对美国出口的扩展边际以及从美国进口的扩展边际比几乎所有美国贸易伙伴的产出波动幅度都大。另外,研究还发现,那些本币与美元实行固定汇率的国家、与美国有自由贸易协定的国家以及较大的国家,其与美国之间的贸易模式的稳定性相对较高。

Choudhry 和 Hassan(2015)以英国自巴西、中国、南非的进口为研究对象,分析了汇率波动对贸易进口的影响效应。结果表明汇率波动确实影响了英国的进口,而且对所有国家而言,第三国的汇率波动效应一直都存在且效应非常显著。

由于人民币汇率的波动幅度越来越大,有不少学者开始关注人民币汇率波动对双边或多边贸易额产生的影响。Nishimura 和 Hirayama(2013)以中日贸易为研究对象,重点分析了自 2005 年 7 月 21 日人民币第二次汇改以来,人民币对日元汇率的波动对双边贸易产生的影响效应。文章分别使用ARCH和标准差两种方法来衡量汇率的波动程度,并检验了汇率波动对双边出口的短期和长期效应。研究发现,日本向中国的出口不受汇率波动的影响,但是同期中国向日本的出口受到汇率波动的负面影响。此外,汇率水平对日本的出口没有影响,但是对中国的出口有显著影响。文章认为,这种差异性的存在,可能是与两国金融市场的深度和出口商的经营成熟程度有密切关系。

3.1.4 汇率变动产生的经济效应:对贸易效应研究的拓展

1. *微观层面关于汇率变动对企业竞争力的影响*

这方面的研究主要结合目前学术界比较关注的贸易发展在扩展边际与集约边际方面的差异进行分析。Li 等(2015)以中国海关统计的企业层面进出口数据,研究了中国出口企业对人民币汇率变动的反映程度。研究发现,出口的人民币价格对汇率变动的响应程度非常低,也就是说,汇率变动对外币表示的出口价格具有较高的传递程度。而出口量对汇率变动的响应程度并不高,但是统计上是显著的。此外,研究还发现,具有较高生产率的出口商更加倾向于采取依市场定价的策略,而其传递程度也仍然比较高。其他的影响因素,如进口密度、分销成本、目标国的收入水平,以及外商投资成分等因素对汇率传递率也具有一定的影响作用。值得一得的是,文章的验证表明,出口商的价格在人民币升值时确实比贬值时的变动幅度要大。另外,文章基于贸易扩展边际的研究还发现,人民币升值显著地降低了厂商进入出口领域的可能性,也降低了厂商持续从事出口业务的可能性。印度学者Dhasmana(2015)研究了实际汇率变动对印度制造业企业经营绩效的影响作用。他的分析表明,实际汇率变动对印度制造业企业的影响作用是显著的,但是影响的程度在不同企业和行业之间存在明显差别。这种影响作用依赖市场力的大小、企业是否参与贸易、是否有外商投资参与、企业国内融资的便利程度,以及行业的集聚程度。他的研究还表明货币升值和贬值对企业经营绩效的影响是存在差异的。

由于近年来国际贸易研究领域关于异质性企业理论的进展十分迅速,因而也影响到了汇率变动的企业竞争力差异方面的研究。此类研究往往基于企业微观层面的数据,在对贸易的集约边际与扩展边际进行评估的基础上,分析汇率变动对贸易企业竞争力的影响作用,以此来阐述汇率变动如何影响一国的贸易竞争力或贸易进出口的变化。

2. 宏观层面的拓展

随着宏观经济学领域里一般均衡模型得到广泛应用,有不少学者也开始在一般均衡框架下研究宏观经济周期对出口动态调整的影响。Bergin 和 Lin(2009)分析了汇率制度对贸易扩展边际变化的调整作用。Cooke(2014)发展了一个两国动态一般均衡模型,用于评估实际汇率和出口的扩展边际之间的关系。就模型所包含的作用机制而言,汇率变动对消费者价格的传递效应明显影响了厂商出口决策方面需求所起的作用。在不完全传递效应下,实际汇率的有利变动增加了厂商参与出口贸易的意愿,从而增加了出口的扩展边际。在模型环境中,虽然那些新增加的出口厂商通常具有较小的规模,但是在较低的贸易弹性条件下,他们也能够获得较高的市场份额。Cooke(2014)的研究对于在商业周期变化过程中理解出口变动的主要影响因素具有重要的借鉴意义。

3.2 基于多国模型的研究进展

在多货币及多国竞争的市场格局下,汇率变动对贸易调整产生的影响可能远非两国模型所描述的那么直白与简单。在一般均衡的研究框架里,多国模型主要用于模拟不同情景模式下,各种政策及其组合可能产生的结果,为决策部门提供政策建议。

现有基于两国模型的实证研究在验证某些国际经济学理论方面具有一定的成效,但显然不能满足政策决策者的需求。Meng(2015)指出,在汇率变动的经济效应研究中,将世界简化成两国模型至少存在以下两点缺陷:第一,由于一国出口需求是由外国需求的价格弹性决定的,而这种情况下外国的收入变量是不在模型考虑之列的,因而研究结果是不精确的。第二,由于模型只考虑一种货币汇率,造成模型无法全面分析汇率政策的复杂性。而多国模型的优势在于它不仅更加接近现实,而且能够揭示汇率变动对其他贸易伙伴国的影响。他在 GTAP 模型中添加了双边汇率序列,从而可以很方便地模拟分析汇率政策变动的影响效应。模拟研究发现,人民币升值实际上可以使中国获得显著的收益。基于 GTAP 的模拟结果表明,如果人民币升值 10%,则中国的进口将上升 1.199%,出口上升 0.522%,贸易条件改善 10.263%,实际 GDP 上升 0.02%。虽然名义收入可能会下降 9.337%,但是以美元衡量的实际收入则增加 0.663%。人民币升值后出口的上升是由于中国某些行业的进口和出口之间存在密切的联系,同时人民币升值引发中国国内的总体价格水平下降。此外,Meng(2015)的文章还给出了人民币汇率变动后,细分行业贸易受到的影响效应。

3.3 近期关于人民币汇率波动的贸易调整效应研究进展

自 2005 年人民币进行第二次汇率体制改革以来,国内外学者关于人民币汇率变动是否能够影响中国贸易顺差调整的研究也不断涌现。近期的研究文献主要关注以下几个方面。

3.3.1 沿着出口企业二元边际变化的方向研究汇率变动的贸易调整效应

自异质性企业贸易理论出现以后,国内有越来越多的学者开始从出口企业二元边际变化角度研究人民币汇率变动的贸易调整效应。

田朔等(2015)采用中国海关进出口数据库与中国工业企业数据库匹配后的微观企业数据,实证分析了企业层面汇率变化和汇率波动对中国企业出口扩展边际的影响。他们将扩展边际描述为企业出口市场个数和出口商品种类数。研究结果表明,汇率波动对企业出口扩展边际有显著的负向影响。人民币升值时会促进企业拓展出口市场,也就是说,汇率水平的变化与出口市场多元化存在正相关关系,即汇率升值会有促使出口企业拓展出口市场的动机,从而以此来分散汇率风险。以企业类型、贸易方式、出口强度、行业类型分组的子样本回归结果显示,不同企业在面临汇率变动时的反应确实具有异质性。

陈婷、向训勇(2015)在考虑企业生产率、融资约束和补贴的基础上研究了人民币汇率对中国多产品出口企业二元边际的影响。实证结果发现,人民币汇率变化对中国企业出口值的影响是通过扩展边际和集约边际同时产生作用的，且两者的作用程度相近。研究还发现，当企业所有制性质和所在地区不同时，人民币汇率波动对其出口额的影响渠道和机制存在很大的差异。具体而言，汇率波动对不同地区企业出口二元边际的影响，对东部地区的企业来说，汇率波动对出口的影响约有60%是通过扩展边际产生的，其中对企业出口目的地数目的影响最大，而汇率变动对出口的影响约有40%是通过集约边际产生的；对东北部地区的企业来说，其结论跟东部地区的企业不太一样，汇率波动对出口的影响几乎都是通过扩展边际产生的，其中汇率波动对企业出口目的地数目的影响最大，而对集约边际的影响并不显著；对西部地区企业来说，汇率波动对扩展边际和集约边际都没有产生显著的影响；对中部地区企业来说，虽然汇率波动对出口额的影响不显著，但是汇率升值会显著增加企业出口目的地数目，同时会减少企业的出口覆盖率。

许家云等（2015）利用中国海关数据库和工业企业数据库的匹配数据，以中国制造业企业为样本，实证分析了人民币汇率变动对多产品企业出口行为的影响。结果发现，人民币实际汇率升值会导致企业出口价格下降，出口数量减少，且该效应因企业生产率和产品在多产品企业中地位的提高而显著增强；生存分析表明，人民币实际汇率升值有助延长核心产品的出口持续期，但却缩短了非核心产品的出口持续期；此外，人民币实际汇率升值缩小了企业的出口产品范围，并且提高了企业出口产品的集中度，即人民币升值使企业更集中出口核心产品，加速了企业出口产品之间的优胜劣汰，因而从长远来讲有益于提升中国企业的出口产品竞争力。陈婷（2015）的研究也得出了类似的结论。她利用2000—2006年的中国工业企业数据库和海关数据库的匹配数据，从企业—目的地角度分析了汇率变动对多产品企业出口的影响。研究表明，人民币升值对企业出口产品的范围有显著影响。但对于生产率越高的企业，汇率变动对企业出口产品范围的影响会越小。另外，人民币升值将使企业出口产品的销售偏度增加，将使出口额最大和第二大的两种产品的销售额比例增加，出口额最大的产品和所有其他产品的销售额之比将增加，而企业内部产品间的赫芬达尔指数将增加。也就是说，人民币汇率升值将促使企业集中精力生产自己擅长的核心产品，而人民币贬值将促使企业更多地生产非核心产品。

3.3.2 基于全球价值链形成的视角分析人民币汇率变动的贸易调整效应

Thorbecke(2011)使用中国的数据分析了人民币汇率变动对中国加工贸易出口产生的影响。他指出,虽然很多人认为人民币需要升值以重新平衡中国的对外贸易,但是,关于汇率变动对中国加工贸易出口影响作用的实证研究结论却并不明确。而加工贸易占中国对外贸易总额的绝对比重。由于加工贸易需要从东亚各国进口大量的零部件,因而,这些东亚国家的汇率变动也应该被纳入研究框架中来。他的研究发现,沿着生产供应链国家发生的汇率升值对中国加工贸易出口产生了较大的抵制效应,这种效应比人民币单边升值的效应要更为明显。

3.4 研究的小结

对汇率变动的贸易调整效应研究文献进行的简要回顾显示,虽然该议题是一个比较古老的主题,但是随着贸易理论的不断发展,此类研究也得到了不断的推进。其中,尤以异质性企业理论与汇率变动的贸易调整效应结合最具研究价值。

基于微观企业层面的数据能够在集约边际和扩展边际两方面分析贸易调整的根源,而汇率变动也会通过二元边际的变化作用于贸易调整。微观企业的贸易调整会进而反映到一国整体贸易进出口变化上去。因而,结合二元边际变化,对不同贸易伙伴、不同行业类别、不同程度的汇率变动进行贸易调整效应的研究,将是未来此类研究的重要发展方向。

第四章 CHAPTER 4 汇率波动的不完全传递效应与中国贸易顺差调整

4.1 引言及相关研究文献回顾

从直接参与外贸经营的企业视角来看,汇率变动的直接影响是进出口商品的价格,而影响价格变动程度的因素多种多样,这就涉及了汇率变动的价格传递效应分析。本币升值之后,出口商出于各种目的自己承担部分或全部的价格变动效应,而不对出口商品价格做出和汇率升值幅度相同大小的调整,这就产生了汇率变动的不完全价格传递效应。出口商品价格对汇率变动的敏感度也即汇率传递弹性将影响汇率变动的最终贸易调整效应。

本章主要基于汇率传递的视角分析汇率变动的贸易顺差调整效应。研究思路如下:首先分析汇率变动的出口品价格传递程度,其次研究我国出口对商品价格变化的敏感度,最后再进行综合性的分析总结。

在现有关于汇率变动与贸易顺差调整的研究文献中,大多数都是直接通过分析汇率变动后对进口、出口的不同影响而得出结论,这一类的研究文献集中在对汇率弹性的分析上。本书认为,从比较微观的汇率传递机制上来看,汇率变动后会直接影响进出口商的价格。对于出口商而言,由于前期生产投入的成本已是既成事实,因此汇率调整后他只能通过自己的出口量和价格调整来应对汇率变动引发的利润变化。而由于成本在短期内是很难调整的,因此,应对汇率变动的不利效果时,调整价格是其最直接的响应方式。

关于汇率变动对进出口价格和贸易额的影响效应,最早可以追溯到Hooper和Kohlhagen(1978)的研究。他们的研究出发点是在1973年浮动汇率制度出现以后,汇率波动风险产生的价格和贸易调整效应。在其后的相关研究中,研究者大都比较直接关注汇率波动后的贸易差额或国际收支差额调整效应。其研究路径主要是讨论是否存在J曲线效应。Bahmani-Oskooee和Ratha(2004)对1973年到2002年研究J曲线效应的文献进行了回顾梳理。此类文献的出发点主要是研究货币贬值对一国贸易逆差的改善作用存在的时滞问题。其结论表明,关于J曲线是否存在的结论尚不具有统一性。从他们的研究文献样本结论来看,不管使用哪一类模型和数据,贸易差额对汇率变动的短期响应方式没有固定的模式可循。

随着研究者对汇率变动的贸易调整效应研究越发深入,越来越多的人开始关注汇率波动的进出口价格调整效应,即汇率传递效应。Parsons和Sato(2008)分析了汇率传递和厂商的依市场定价行为对经常账户调整的作用。他们认为,虽然经常账户余额通常是由经济代理人的储蓄和投资行为决策的,但是汇率波动引起的贸易品和非贸易品价格调整确实具有一定的影响作用。Gust等(2009)发现汇率对贸易品价格传递水平的下降将弱化名义贸易差额对汇率调整的响应程度,但是调整过程也并没有停止。当传递程度比较高时,贸易差额的名义调整主要是由贸易伙伴完成的,而当传递程度比较低时,贸易差额的调整主要通过贸易条件变化实现。如果厂商在设置出口价格时就考虑到了汇率变化以及竞争对手的响应方式,则汇率传递通常都是不完全的。Ceglowski(2010)估计了1992—2006年美国的进口价格汇率传递率,发现总体上传递率是不断下降的。而进口价格对美元汇率的响应程度及响应方式存在多样化趋势。总体来讲,虽然研究结论不尽一致,但是不完全汇率传递的结果必然会影响汇率波动的贸易差额调整效应。

厦门大学宏观经济研究中心课题组(2008)研究了人民币升值通过一般贸易、加工贸易进出口变化对宏观经济的影响机制。强调了人民币升值之后通过进口价格指数以及人民币实际有效汇率的变化产生的贸易调整机制。李春吉(2010)在分析我国双顺差的形成问题时注意到了出口商品价格的影响。他认为,出口商品需求价格弹性和汇率是影响出口商品价格相对水平的因素,大量的 FDI 进入是形成资本和贸易顺差的重要原因。翁志刚等(2012)论证了不同汇率传递程度的国家应当采用的汇率制度的差异。

从现有研究及其结论来看,越来越多的研究者逐渐开始关注汇率变动的进出口价格调整效应,以及这种不完全传递对宏观经济政策产生的影响。然而使用实证研究方法从汇率传递视角分析汇率升值的贸易顺差调整效应的文章并不多见。本章尝试对这方面的研究进行弥补。全章结构安排如下。第二部分论述了不完全汇率传递影响外贸进出口的机理。第三部分实证研究汇率变动对出口价格的传递效应。第四部分实证分析我国商品出口的价格弹性。第五部分是结论述评。

4.2 不完全汇率传递影响外贸进出口的机理

汇率变动引起的进出口商品价格传递效应,其实质是进出口商在汇率变动造成商品价格变化之后,通过调整自己的利润加成产生的不同响应结果。影响汇率传递程度的因素包括黏性价格、依市场定价行为、沉淀成本及跨国公司内部贸易等因素。这些因素从宏观上来看也会影响汇率变动的贸易调整结果。

以出口厂商的依市场定价行为为例,如果本币升值而出口商仅仅是降低其价格加成来自己消化这种成本变动效应,那么汇率变动的贸易调整效应就会被弱化,从而汇率传递程度就会在宏观上影响贸易差额调整。

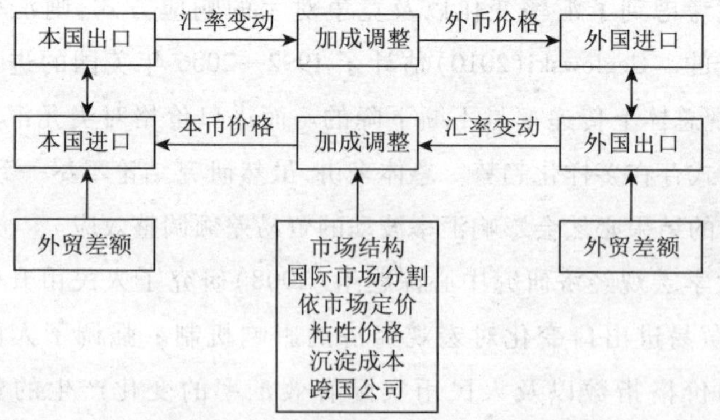

图 4.1 汇率传递与贸易差额调整

此外，汇率传递的文献研究表明传递程度在大多数情况下不仅是不完全的，而且，即使对相同的研究时段而言，很多研究者也发现汇率传递在国家间、产业间，以及产品间存在差异。对同一国家的相同产业或产品而言，在汇率变动的不同阶段或变动的不同方向上，汇率传递存在非对称性。汇率传递非对称性的存在会造成贸易进出口对汇率波动的非对称性，因而，在一国汇率发生变动时，对于不同程度的货币升值或贬值，进出口的响应方式及响应程度会存在差别。

4.3 汇率对出口价格的不完全传递实证研究

4.3.1 数据说明及处理

我们先考虑汇率和出口价格之间的关系。由于数据长度限制，本部分选取 1995 年 1 月至 2009 年 12 月的月度数据进行分析。为突出强调汇率变动与进出口价格之间关系的重要性，这汇率传递阶段的研究不加入其他变量。分别以 EP、IP、REER 表示中国的商品出口价格指数、进口价格指数，以及人民币实际有效汇率指数。其中，总体进出口商品价格指数来源于中国经济信息网统计数据库，人民币实际有效汇率指数来源于 IMF 的 IFS 数据库。

为了后续研究的需要，先将这些指数都换算成以 1995 年 1 月为基期的定基指数序列。换算方法是先找到某一年度的环比指数序列，然后对同比指数序列进行换算。但是我国公开的进出口商品价格环比指数序列难以得到，因此这里是根据毕玉江（2008）构建的进出口实际价格指数序列进行的换算。使用 X11 方法对这些数据进行季节调整处理，再取自然对数，分别以 LNEP、LNIP、LNREER 表示。我们的目标是建立一个包含上述变量序列的向量误差修正模型，在此基础上分析变量间的影响关系。

4.3.2 变量的平稳性检验

首先通过单位根检验确定这些变量的单整阶数。参照赤池信息准则 AIC（Akaike Info Criterion）和施瓦茨准则 SC（Schwarz Criterion）。检验结果可见表 4.1。

表 4.1 变量的平稳性检验结果

变量	ADF 统计量	检验方程形式	临界值		AIC	SC
			1%	5%		
LNEP	-1.01073	(C,T,1)	-4.01044	-3.43527	-5.51016	-5.43866
dLNEP	-19.9083	(C,T,0)	-4.01044	-3.43527	-5.51554	-5.46191
LNIP	-3.3562	(C,T,3)	-4.01104	-3.43556	-4.78026	-4.67217
dLNIP	-6.35163	(C,T,2)	-4.01104	-3.43556	-4.72746	-4.63739
LNREER	-2.34631	(C,T,1)	-4.01044	-3.43527	-5.84273	-5.77123
dLNREER	-10.6215	(C,T,0)	-4.01044	-3.43527	-5.82282	-5.76919

注:检验方程形式(C,T,d)中 C 表明检验方程带有常数项,T 表明带趋势项。d 为滞后期数,选择标准是 AIC 和 SC 准则。检验计量软件为 Eviews6.0。

从检验结果可知,上面这三个变量序列的水平值在 5% 的显著性水平上都不是平稳的,但其一阶差分序列平稳,说明它们都是 I(1)序列。

4.3.3 协整检验

这一部分使用 Johansen 方法对变量进行协整检验。通过建立迹统计量和最大特征值似然比统计量来确定各变量之间的协整关系。在确定 VAR 协整检验的滞后阶数时,本部分进行了滞后长度判别检验(Lag Length Criteria)。同时考虑到有效估计的残差应该具有正态分布特征,结合以上这些因素本文确定 VAR 模型的滞后期数为 6。

采取带截距项和趋势项的检验模型对向量 $Ft = (LNEP_t, LNIP_t, LNREER_t)$ 进行协整检验。协整关系检验的结果见表 4.2。

表 4.2 出口价格、进口价格、实际有效汇率的协整关系检验结果

原假设	迹统计量	迹统计临界值		最大特征值	最大特征值统计临界值	
协整方程数目	(Trace Statistic)	5%	p-值	(MaxEigen)	5%	p-值
None	39.70866*	35.19275	0.0152	22.69806*	22.29962	0.044
At most 1	17.01059	20.26184	0.1321	12.18629	15.8921	0.1754
At most 2	4.824303	9.164546	0.3032	4.824303	9.164546	0.3032

注:*表示在 5% 的显著性水平上拒绝原假设,p-值是 MacKinnon-Haug-Michelis (1999) p-values。

可以看到,迹检验和最大特征值检验结果表明,在 5% 的显著性水平上,

出口价格、进口价格、实际有效汇率之间存在1个协整关系。

正规化后的协整向量可表示为：

LNEP	LNIP	LNREER	C
1.0000	0.50778	-0.249685	3.29856
系数标准误差	(-0.09093)	(-0.33326)	(-1.53158)

由上面协整分析结果，从长期来看，出口价格与进口价格存在正相关关系。根据1995—2009年数据得出的出口价格对汇率的长期弹性为0.25，但是系数估计值的显著性并不高。另外，出口价格对进口价格存在相对较高的弹性，进口价格上升1%，将使得出口价格升高0.5个百分点，而且其估计值的显著性水平也较高，这也验证了我国加工贸易中有较高比重形成的出口中包含较多进口成份的客观事实。

4.3.4 基于向量误差修正模型(VECM)的分析

1. 基于VECM的脉冲响应分析

在VECM模型中设定研究向量为 $Yt=(LNEP_t, LNIP_t, LNREER_t)'$。

确定差分形式的向量误差修正模型方程如下：

$$dLNEP_t = \sum_{i=1}^{k-1}\alpha_{1i}dLNEP_{t-i} + \sum_{i=1}^{k-1}\alpha_{2i}dLNIP_{t-i} + \sum_{i=1}^{k-1}\alpha_{3i}dLNREER_{t-i} + \delta VECM_{t-1} + \varepsilon_t$$

$$dLNIP_t = \sum_{i=1}^{k-1}\phi_{1i}dLNIP_{t-i} + \sum_{i=1}^{k-1}\phi_{2i}dLNEP_{t-i} + \sum_{i=1}^{k-1}\phi_{3i}dLNREER_{t-i}\phi VECM_{t-1} + \upsilon_t$$

$$dLNREER_t = \sum_{i=1}^{k-1}\eta_{1i}dLNREER_{t-i} + \sum_{i=1}^{k-1}\eta_{2i}dLNEP_{t-i} + \sum_{i=1}^{k-1}\eta_{3i}dLNIP_{t-i}\rho VECM_{t-1} + \zeta_t$$

其中，*VECM*为误差修正项，它们的系数用来反应相应变量对其长期稳定关系的偏离及调整程度。本部分基于上面的实证检验框架进行脉冲响应与方差分解分析。

参考调整后的可决系数($\bar{R}^2$)、AIC 和 SC 等标准,限定变量间存在一个协整关系,在这些限制条件的基础上进行 VECM 研究。由于估计出的参数结果较多,因此这里没有列出各方程的估计结果。

下面图形显示了上述 VECM 模型的脉冲响应结果。

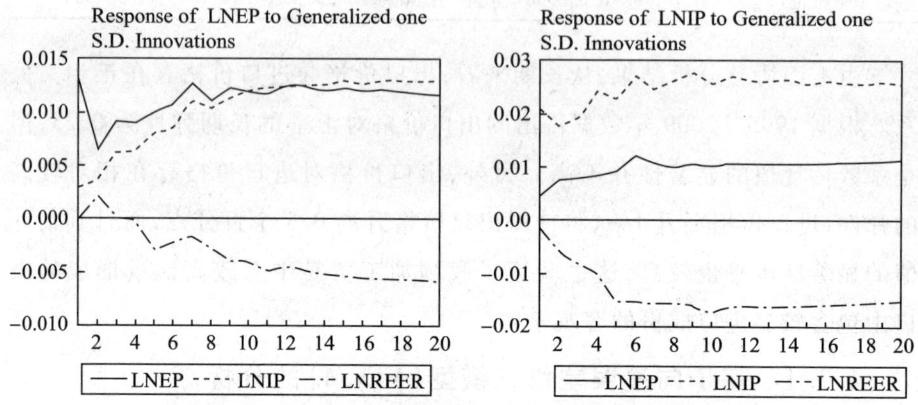

图 4.2 脉冲响应分析结果

可以看到,当对汇率施加一个标准差的正向冲击时,出口价格对汇率冲击的响应在前 3 期为正,第 4 期开始都为负效应,最高约在 −0.005 的水平上。说明汇率升值后本币出口价格只在短期内有微小上升,随后就是经过加成调整的本币出口价格负向变动。进口价格冲击对出口价格的波动具有明显的同步变动效应,而且在第 10 期超过出口价格对自身的影响。对进口价格波动而言,汇率冲击产生的影响效应一直都是负的,大约在第 5 期开始稳定在 −0.15 的水平上。从脉冲响应分析的结果来看,汇率波动对进出口价格确实存在不完全传递效应。相对而言,汇率波动对出口价格波动的影响程度要低于其对进口价格的影响程度。

2. *方差分解分析*

本部分利用方差分解分析各个变量对进口价格和出口价格变化的贡献率,它可以提供不同的冲击对各变量的 k 步提前预测误差的影响程度,从而可反应出每个变量的随机冲击在影响 VAR 系统变量时的相对重要性。

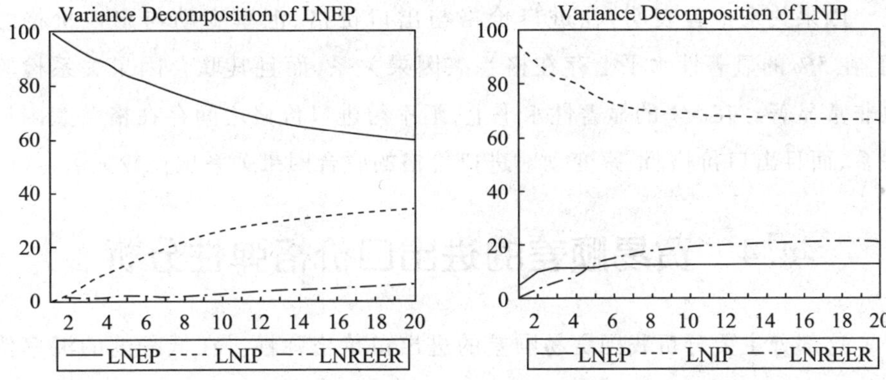

图 4.3　进出口价格波动的方差分解

由前 20 期内进出口价格波动的方差分解图可以看出,汇率波动对出口价格变化的影响程度不高,最高达到 5.9% 的水平,进口价格波动对出口价格的影响程度是不断上升的,第 14 期开始超过 30%。汇率波动对进口价格的影响相对要高一些,第 12 期开始就超过了 20%,最高达到 21% 的水平。方差分解还显示进出口价格之间互相具有一定程度的解释力。

4.3.5　格兰杰因果检验

在所建立的向量误差修正模型的分析基础上,我们还对以上三个变量进行了格兰杰因果关系检验。

表 4.4　基于 VECM 的格兰杰因果检验

应变量	检验变量	卡方统计量	概率
LNEP	LNIP	14.54572	0.0241
	LNREER	12.74189	0.0473
	联合检验	27.54543	0.0064
LNIP	LNEP	10.75581	0.0962
	LNREER	20.53467	0.0022
	联合检验	26.90855	0.008
LNREER	LNEP	10.01805	0.1239
	LNIP	4.748924	0.5764
	联合检验	16.39272	0.1739

因果关系检验表明，在进口价格与出口价格、汇率变动与出口价格之间，在5%的显著性水平上存在格兰杰因果关系，而且其联合因果关系检验也非常显著。在5%的显著性水平上，汇率与进口价格之间存在格兰杰因果关系，而且出口价格、汇率变动对进口价格的联合因果关系也比较显著。

4.4 贸易顺差的进出口价格弹性分析

这部分主要分析我国贸易顺差的进出口价格弹性。在低程度的汇率传递效应下，即使贸易顺差对出口价格的弹性程度比较高，汇率变动产生的贸易顺差调整效应仍然会被弱化。

4.4.1 实证研究变量选取及数据处理

由于前一部分已经实证分析了汇率变动对我国进出口价格的不完全传递效应，因此这部分我们直接使用协整检验研究我国贸易顺差的价格弹性。

关于贸易顺差变量的处理，出于实证研究的便利性，我们在这里将贸易顺差变量定义为出口与进口之比。如果结果大于1，则存在贸易顺差，反之，则是贸易逆差。选取的时间段与前一部分一样，也是1995年1月到2009年12月的数据。将数据序列换算成以1995年1月为100的定基数据，进行季节调整后取自然对数，以LNTB表示。贸易顺差的数据来源于中国经济信息网数据库。

在这部分研究中，我们考察贸易顺差与进口价格（LNIP）、出口价格（LNEP）、世界价格水平（LNWCPI）之间的关系，主要是确定顺差的价格弹性。其中出口价格和进口价格数据的处理方法及数据来源与前一部分一致。为考察国际价格水平对我国贸易顺差的影响，这里我们还加入了世界价格水平的影响，在实证研究中使用IFS统计数据库中的世界CPI数据代替。

为反映国内外经济发展状态对贸易顺差的影响，这部分分析中也加入了中国工业产出指数。数据来源于IFS统计数据库，进行季节调整处理后取自然对数，以LNCIPI表示。①

① 为考虑世界产出水平对我国贸易顺差的影响，此处本来还考虑了加入世界工业产出水平变量。但是在协整研究中发现该变量系数估计的显著性程度不高，因此最终确定协整向量时剔除了该变量。

4.4.2 变量平稳性检验

首先通过单位根检验确定这些变量的单整阶数。检验结果可见表 4.4。

表 4.4 变量的平稳性检验结果

变量	ADF 统计量	检验方程形式	临界值 1%	临界值 5%	AIC	SC
LNTB	-3.09176	(C,0,4)	-3.46785	-2.87792	-2.09335	-1.98484
dLNTB	-7.52006	(C,0,4)	-3.46807	-2.87802	-2.03753	-1.9286
LNWCPI	-3.19483	(C,T,4)	-4.01135	-3.43571	-9.81407	-9.68748
dLNWCPI	-4.40615	(C,0,4)	-3.46807	-2.87802	-9.73563	-9.62669
LNCIPI	-2.10608	(C,T,3)	-4.01104	-3.43556	-7.13292	-7.02484
dLNCIPI	-3.97891	(C,0,2)	-3.46763	-2.87782	-7.11151	-7.03945

注:检验方程形式(C,T,d)中 C 表明检验方程带有常数项,T 表明带趋势项。d 为滞后期数,选择标准是 AIC 和 SC 准则。检验计量软件为 Eviews6.0。

从检验结果可知,上面这三个变量序列的水平值在 1% 的显著性水平上都不是平稳的,但其一阶差分序列平稳,说明它们都是 I(1)序列。

4.4.3 协整检验

在确定 VAR 协整检验的滞后阶数时,根据滞后长度判别检验进行判断。同时考虑到有效估计的残差应该具有正态分布特征,确定 VAR 模型的滞后期数为 3。采取带截距项和趋势项的检验模型对向量 $Ft=(LNTB_t, LNEP_t, LNIP_t, LNCIPI_t, LNWCPI_t)$ 进行协整检验。协整关系检验的结果见表 4.5。

表 4.5 协整关系检验结果

原假设	迹统计量	迹统计临界值		最大特征值	最大特征值统计临界值	
协整方程数目	(Trace Statistic)	5%	p-值	(MaxEigen)	5%	p-值
None	140.4564*	69.81889	0	66.33947*	33.87687	0
At most 1	74.11697*	47.85613	0	39.47686*	27.58434	0.001
At most 2	34.64011*	29.79707	0.0128	28.28168*	21.13162	0.0042
At most 3	6.358429	15.49471	0.6532	6.00165	14.2646	0.613
At most 4	0.356779	3.841466	0.5503	0.356779	3.841466	0.5503
At most 5	140.4564	69.81889	0	66.33947	33.87687	0

注:* 表示在 5% 的显著性水平上拒绝原假设,p-值是 MacKinnon-Haug-Michelis (1999) p-values。

可以看到,迹检验和最大特征值检验结果表明,在5%的显著性水平上,贸易顺差、进出口价格、世界价格水平、中国总产出5个变量之间存在3个协整关系。我们取第一个正规化后的协整方程进行分析。

正规化后的协整向量可表示为①:

LNTB	LNEP	LNIP	LNWCPI	LNCIPI
1.0000	1.62887	-2.374584	2.54617	1.04614
标准误差	(-0.31569)	(-0.33031)	(-0.38021)	(-0.31061)

协整检验的结果表明,我国商品出口价格、世界价格水平、中国的总产出水平与贸易顺差之间存在正相关关系。出口价格上升对贸易顺差没有产生抑制作用。世界价格水平上升会通过两方面效应促进我国顺差增长。一方面,世界总体价格水平上升会使一部分需求转向我国出口产品;另一方面,世界价格上升会增加出口利润,从而使我国出口增加。我国的总产出增长与顺差之间的正相关也表明我国经济增长对外需的依赖度过强,生产增长越多,相对的出口比重越大。

从协整分析的结果还可以看到,进口价格上升会在一定程度上抑制我国贸易顺差的增长,而且其影响程度的绝对值是超过出口价格对顺差的影响程度的。这表明我国外贸进口受价格的影响程度较高。在进口缺乏价格弹性的情况下,如果短时间内进口价格上升过快,会造成以货币金额表示的进口总额增长过快,从而使总贸易顺差下降。

4.5 本章研究结论

1. 不完全汇率传递效应会弱化汇率升值的顺差调整效应

本章第一部分实证研究中对出口价格、进口价格、人民币汇率进行的协整和VECM分析表明,汇率变动对进出口价格的传递程度是不完全的。第二部分的实证研究发现,我国贸易顺差对商品进出口价格还是比较敏感的。

① 通常情况下,当变量间存在一个以上协整关系时,第一个协整方程比较准确的反映了变量间的长期关系。

世界总体价格水平增加1%,将带动我国贸易顺差增加2.55个百分点。进口价格则与贸易顺差之间存在负相关关系,进口价格上升1%,将使我国贸易顺差下降2.37个百分点。从影响程度的大小比较,世界总体价格水平对我国贸易顺差的影响程度是最高的。

由于我们前面的汇率传递分析已经表明汇率变动对出口价格的传递程度较低,而且变量的系数估计显著度不高,因此短期内人民币汇率升值通过进出口价格调整影响顺差变化的效应将不会很明显。

汇率变动的不完全传递效应对顺差调整的影响过程可分析如下:本币升值1%时,本国出口厂商调整自己的利润加成,使得本币表示的出口价格下降0.25%,加之外国进口需求的变化,外币表示的进口价格上升程度将小于0.75%。再考虑到外国进口需求的价格弹性大小,其进口需求的变动率不会高于0.75%。这是本币升值通过出口价格的不完全传递效应对出口的影响。而如果本币升值之后,外国出口商借助于其市场竞争力,将本币表示的外国出口商品价格提升一个与汇率升值同等或比较接近的幅度,那么本币升值对进口的促进作用也不会十分明显。两者共同的作用结果就是本币升值的顺差调整效应不显著。

2. 汇率变动对出口价格的传递程度在不断下降,这一现象包含深刻的意义

几乎所有研究汇率传递的文献都发现,随着时间推移,传递率在不断下降。由于我们这里使用的都是进出口商品的本币价格进行的分析,而本币价格对汇率变化的敏感度下降,另外,体现出的就是出口商品的外币价格对汇率的敏感度在不断上升。这种现象可以有以下两种解释:一方面,可能是由于我国出口商品具有逐渐增强的国际竞争力,因而国内出口商可以将更多的汇率变动成本转嫁到外国进口商;另一方面,这也可能是由于2005年人民币大幅度升值以来,出口商自己调整利润加成由自身负担汇率升值成本的空间越来越小。当出口商无法再调整自身加成负担汇率升值的成本时,势必要将汇率升值的效应全部转移到外国进口商那里。如果出口的商品具有竞争力,那么出口商还可以保持一定的市场份额,而如果出口商品竞争力不足,那么进一步的本币汇率升值将从根本上削弱出口商的国际市场竞争力,可能在短时间内将我国外

贸顺差不断增长的趋势彻底扭转。

因此,虽然目前人民币升值看似没有对顺差增长产生影响作用,但是这并不表明升值没有顺差调整的效应。基于汇率传递视角的分析表明,在人民币升值幅度达到一定程度后,可能在短时间内就会彻底改变顺差增长的趋势。而我国出口商必须不断提升出口商品的附加价值,改变低价竞争的出口策略,切实增强产品在国际市场上的竞争力及不可替代性,才能在人民币不断升值的进程中保持市场份额,也才能保证我国对外贸易平稳发展。当然,最重要的是宏观政策层面要不断增加进口,最终达到外贸平衡发展的长期目标。

第五章 CHAPTER 5 人民币汇率波动的双边贸易顺差调整效应

5.1 引 言

布雷顿森林体系崩溃以后,浮动汇率制度的出现使学者们开始关注汇率波动产生的风险引发的贸易调整效应。大多数对汇率与贸易之间关系所作的理论研究都认为,汇率的不确定性增加了贸易商的风险,而减少贸易额是风险规避的理性经济个体最直接的反映。Ethier(1973)、Cushman(1986)的理论研究证实了这种负面影响的存在。后来有些研究结论却表明汇率的波动对贸易额的影响是不明显的或者具有正面影响(Viaene and de Vries,1992)。De Grauwe(1988)以及 Secru 和 Uppal(2000)的理论研究认为汇率波动与贸易水平之间的关系是不明确的。Broll 和 Eckwert(1999)甚至证明高的汇率波动会通过增加贸易的潜在收入而促进贸易量。由于加总的汇率变动与贸易差额调整效应难以考量人民币汇率波动产生的风险因素,因此许多学者更多的是在国别(地区)汇率波动效应中加以考虑。

已有的研究中,有不少文献是使用宏观层面的数据进行汇率变动的整体经济效应分析。这类研究得出的结论存在以下一些尚需改进之处:第一,使用加总过的数据往往不能准确反映汇率变动对来自不同贸易伙伴国(地区)的贸易顺差(差额)产生的影响。第二,使用人民币对美元汇率不能准确衡量汇率波动产生的贸易效应。在1994年到2005年的两次汇率制度改革间,虽然人民币对美元汇率保持高度稳定,但是,由于美元对其他货币是自由浮动的,而我国在与这些国家(地区)进行贸易往来时必须考虑货币汇率的套算引发的汇率风险。因此,汇率变动及其风险对来自不同贸易伙伴的贸易往来应该存在不同的影响。第三,由于一些重要经济事件的发生,经常使时间序列变量间的关系发生根本性变化,即存在结构断点效应。例如2001年中国加入WTO,世界许多国家(地区)的市场对中国变得更加开放。另外,2005年7月中国进行了第二次汇率改革。在此之后的汇率变动产生的贸易调整效应是否发生了变化?这些都需要在实证研究中加以考虑。

本章使用中国对主要贸易伙伴国(地区)的贸易差额数据进行实证研究,同时考虑汇率波动的风险产生的贸易调整效应。具体而言,研究对象包括中国对美国、欧盟、日本、东盟、韩国的贸易差额数据。根据历年中国对外贸易统计数据可以看到,这几个国家和地区与中国的双边贸易总额基本上都排在中国所有贸易伙伴的前十位内。虽然其他几个贸易伙伴与中国进出口总额也相对较高,如中国台湾地区、新加坡、中国香港地区、俄罗斯、英国等,但是由于新加坡和中国香港地区自身地理位置具有特殊性,而中国台湾地区主要是由于其对大陆投资带动的进出口,俄罗斯和英国在中国对外贸易总额中的比重是主要贸易伙伴中相对比较低的,因此本章没有将这些贸易伙伴的数据考虑进来。

本章研究主要在以下几点与已有研究有所不同。第一,使用了分国别(地区)的贸易差额数据分析汇率变动的贸易调整效应,实证研究中还考虑了汇率波动风险所产生的影响。第二,由于中国经济发展在此期间有两次比较大的调整,因此在实证研究时对这些事件的影响进行了检验。一个是2001年底我国加入WTO,另一个是2005年7月人民币第二次汇改。我们在协整研究时通过加入时间虚拟变量的方法,来判断这两起重要事件是否对汇率变动的贸易调整效应产生影响。

本章结构安排如下:第二部分是相关研究的一个简短的文献回顾。

第三部分是数据处理与实证研究框架说明。第四部分是基于协整分析的实证研究。第五部分是结论述评。

5.2 文献回顾

在关于汇率变动的贸易调整效应研究中,除相当一部分文章是使用加总数据进行的研究之外,也有不少学者比较关注于人民币汇率变动对来自不同国家(地区)贸易差额的影响。西方学者比较关注人民币汇率升值对美国、欧盟等发达国家和地区贸易逆差的调整效应,在这方面也做了相当多的研究。总的来讲,研究结论是不一致的。有学者认为人民币升值能够改变中国的外贸发展不平衡态势(如 Cline 和 Williamson,2007;Goldstein 和Lardy,2009;Cline,2010 等),也有不少人持反对意见(如 Woo,2008;Corden,2009 等)。

国内学者的同类研究也同样没有取得一致性结论。同类文献中有比较多的文章研究人民币汇率变动对中国贸易顺差的调整效应,研究结论大都认为单纯使用人民币升值至少在短期内无法调整中国对其他国家和地区的贸易顺差。比如,陈六傅、钱学锋(2007)使用中国与 G7 各国的贸易数据研究了人民币实际汇率弹性的非对称性。王中华(2007)的研究表明,实际汇率并不是中美之间贸易收支的主要影响因素,无论在短期还是长期真正影响中美双边贸易收支的是美国方面的需求。潘红宇(2007)认为,中国向美国和欧盟的实际出口与实际汇率波动率存在长期显著的负相关关系,而中国向日本的出口与汇率波动率无关。短期内汇率波动率只影响中国向美国的出口,对向欧盟和日本的出口没有影响。王胜等(2007)的研究认为,人民币升值在短期难以对中美贸易顺差产生调节作用,长期作用也不大。余淼杰(2009)采用并发展了国际贸易理论中的引力模型,实证研究结果却表明人民币对美元升值显著地减少了中美贸易顺差额。以其他贸易伙伴国为研究对象的文章得出的结论也比较缺乏一致性。周延、贾亚丽(2007)的分析表明,人民币双边实际汇率与中韩贸易收支之间存在稳定均衡的关系,但是由于汇率的弹性系数较小,人民币汇率变动对中韩贸易收支的影响有限。

近期的相关研究开始考虑人民币汇率波动风险的贸易调整效应以及国别贸易差额调整效应。许先普(2010)认为,实际汇率变动率增大将导致企业出口量及利润增加。马丹、华圆(2011)对比分析了2005年汇改前后人民币名义汇率波动风险和实际汇率波动风险对中国出口的影响。结果发现无论是汇改前还是汇改后的人民币实际汇率波动风险对中国的出口均未产生显著影响。于友伟(2011)基于中国与13个亚太主要贸易体的双边贸易数据进行的实证研究表明,人民币相对于各贸易伙伴的升值只能在有限程度上减少我国贸易盈余。

从以上研究文献的结论可以看到,即使是对于分国别和贸易伙伴数据进行的实证研究,由于选取的时间段不同、时间维度不同,也难以取得比较一致的结论。本书认为,人民币对不同贸易伙伴国(地区)的汇率变动对双边贸易差额的影响是存在差异的。而且,如果使用分国别的数据进行研究,应该考虑一个重要的因素,那就是汇率波动的风险。虽然人民币对美元汇率在2005年之前是比较稳定的,2005年之后基本是对美元总体升值,但是前文已经分析过,人民币对其他主要贸易伙伴的汇率波动性仍然较大。虽然进出口商在结算时可能主要使用美元作为结算货币,但是其在计算自己的收益与成本时必须考虑这些货币之间的汇率波动因素。

人民币对美元存在的升值趋势决定了人民币对其他主要贸易伙伴货币的趋势性变化,而且在这一过程中汇率的波动性是逐渐增加的。汇率的趋势性变化与波动性产生的风险都会对贸易顺差产生影响。因此,本部分的实证研究除考虑汇率本身的趋势变化之外,还考虑汇率波动率产生的风险因素对贸易差额调整的影响。

5.3 数据处理与实证模型说明

5.3.1 数据处理

由于欧元汇率是从1999年1月开始统计,考虑到数据的可得性与实证研究时要求的数据期间长度,本文研究的时间阶段是1999年1月至2010年1月的月度数据。为便于分析比较,在实际数据处理过程中使用Eviews计量软件中的X11方法对所有变量进行了季节调整,然后取自然对数。

1. 贸易顺差的衡量

为便于分析,这里使用中国对美国、欧盟、日本、韩国、东盟的出口与进口比值来衡量贸易顺差的变化。分别以 $LNTB_i$表示,i 分别代表前述五个主要贸易伙伴国家和地区。数据来源于 WIND 资讯数据库。

2. 双边汇率及其波动率

(1)双边实际汇率

分别使用人民币对美元、欧元、日元、韩元的月平均汇率作为汇率变量的基础数据,由于东盟没有统一的汇率,使用马来西亚林吉特汇率作为替代序列。由于这里的汇率变量代表了双边汇率的趋势性变化,因此采用双边实际汇率指标。其计算方式是

$$ER_{i,t} = \frac{E_{i,t} \times CPI_{i,t}}{CCPI_t}$$

其中,$ER_{i,t}$和 $E_{i,t}$分别代表第 t 期人民币对第 i 个贸易伙伴国的实际和名义汇率水平,数值上升代表人民币贬值。$CPI_{i,t}$为第 i 贸易伙伴国在第 t 期的价格水平,$CCPI_t$是中国在第 t 期的 CPI。

美元、欧元、日元汇率是直接从 WIND 资讯数据库中获得的,韩元和林吉特则是使用 IFS 数据库中其对美元的汇率套算而得。各贸易伙伴国内价格水平来自 IFS 统计数据库,中国的 CPI 水平是根据 1999 年 1 月至 2010 年 1 月的月度环比数据计算得到,再将其换算成为 2005 年为基期的值,以保持与 IFS 统计数据库中一致,基础数据来源于 WIND 资讯数据库。美元、欧元、林吉特是 1 单位外币兑换人民币数量,日元是使用 100 外币兑人民币数量,韩元是使用 1000 外币兑人民币数量。

(2)汇率波动率

目前统计变量波动率的主要方法是使用 GARCH 模型或基于变动率的衡量方法。在实证研究中,经过检验没有发现双边汇率变量存在显著的 GARCH 效应。考虑到进出口商在实际业务中对即期名义汇率波动率相对更加敏感,因此我们使用了一类最直观的衡量汇率波动率的方法,即使用当期名义汇率变动率来替代汇率波动率。

$$RV_{i,t} = \frac{E_{i,t} - E_{i,t-1}}{E_{i,t-1}} \times 100$$

其中，$RV_{i,t}$代表中国与第 i 国（地区）的第 t 期双边汇率波动率，$E_{i,t}$是第 t 期双边名义汇率水平。在数据处理时，为统一得到弹性分析的结果，对上述方法计算出的波动率取绝对值后再取其自然对数处理。

3. 其他控制变量

（1）中国的月度工业产出

使用中国月度工业生产增长率换算成工业生产指数作为替代变量。由于中国目前发布的工业生产指数是同比数据，因此根据中国 2005 年的月度工业总产值，计算出当年的月度工业定基指数，再对照月度工业生产增长率换算得到工业生产指数。工业总产值数据来源于国研网统计数据库，中国月度工业生产增长率数据来源于世界货币基金组织 IFS 数据库。对变量序列取自然对数，使用 LNCIP 表示。

（2）贸易伙伴国（地区）的工业产出

使用美国、日本、欧盟、韩国的月度工业产出指数作为其经济发展状况的衡量指标，对于东盟，则使用马来西亚的月度工业产出指数代替。数据来源于世界货币基金组织 IFS 数据库。经过季节调整取自然对数，使用$LNDIP_i$表示，i 分别代表五个主要贸易伙伴国和地区。

（3）时间虚拟变量

分别使用 D1 和 D2 两个时间虚拟变量来反映中国 2001 年底加入 WTO 和 2005 年 7 月第二次汇改产生的影响。设定 D1 变量在 2002 年 1 月前都为 0，之后都为 1；D2 变量在 2005 年 7 月前都为 0，之后都为 1。

5.3.2 实证模型

根据长期以来形成的贸易进出口方程研究的结论，一国外贸进出口和双方经济发展状况、价格水平及其波动状况有关。因此，我们设定的协整检验实证模型为

$$LNTB_{i,t} = \alpha_i + \beta_{i,1} LNER_{i,t} + \beta_{i,2} LNDIP_{i,t} + \beta_{i,3} LNCIP_t + \beta_{i,4} LNRV_{i,t} + \beta_{i,5} D1 + \beta_{i,6} D2 + \varepsilon_{i,t}$$

其中，$LNTB_i$代表中国与第 i 个贸易伙伴的双边贸易顺差序列，$LNER_i$是双边实际汇率水平，$LNDIP_i$为贸易伙伴的经济发展水平，LNCIP 是中国的产出状况，$LNRV_i$是汇率波动率，ε_i是误差项。

5.4 实证研究

5.4.1 平稳性检验

首先对上述各变量进行平稳性检验。

表 5.1 各变量平稳性检验结果

	变量	ADF 统计量	检验方程形式	临界值 1%	临界值 5%	AIC	SC
美国	LNTB	-2.37894	(C,T,1)	-4.0296	-3.44449	-1.8718	-1.78401
	dLNTB	-1.78401	(C,T,2)	-3.48122	-3.44476	-1.91401	-1.84784
	LNER	-1.5398	(C,T,1)	-4.0296	-3.44449	-7.57067	-7.48288
	dLNER	-9.33908	(C,T,0)	-4.0296	-3.44449	-7.56744	-7.5016
	LNRV	-3.66913	(C,T,1)	-4.0296	-3.44449	3.117813	3.205605
	LNDIP	-1.58505	(C,T,4)	-4.03131	-3.44531	-5.23217	-5.07619
	dLNDIP	-4.4525	(C,T,4)	-4.0319	-3.44559	-5.2174	-5.06064
欧盟	LNTB	-2.70321	(C,T,1)	-4.0296	-3.44449	-1.9988	-1.91101
	dLNTB	-13.1139	(C,T,1)	-4.03016	-3.44476	-2.10467	-2.01644
	LNER	-1.75479	(C,T,1)	-4.0296	-3.44449	-4.6728	-4.58501
	dLNER	-8.74049	(C,T,0)	-4.0296	-3.44449	-4.66411	-4.59827
	LNRV	-11.2585	(C,T,0)	-4.02904	-3.44422	3.306454	3.371972
	LNDIP	0.204031	(C,T,2)	-4.03016	-3.44476	-6.17017	-6.05988
	dLNDIP	-2.73163	(0,0,1)	-2.58287	-1.9433	-6.1797	-6.13559
日本	LNTB	-2.09396	(C,0,1)	-3.48082	-2.88358	-2.39378	-2.32794
	dLNTB	-21.0081	(C,0,0)	-3.48082	-2.88358	-2.37537	-2.33147
	LNER	-2.15871	(C,T,0)	-4.02904	-3.44422	-4.4376	-4.37208
	dLNER	-10.078	(C,T,0)	-4.0296	-3.44449	-4.42683	-4.36098
	LNRV	-13.4502	(C,T,0)	-4.02904	-3.44422	2.929054	2.994572
	LNDIP	-2.29719	(C,T,4)	-4.03131	-3.44531	-2.59186	-2.43589
	dLNDIP	-5.73836	(C,T,4)	-4.0319	-3.44559	-2.54139	-2.38463

续表

东盟	LNTB	-1.70077	(C,T,3)	-4.03073	-3.44503	-2.27981	-2.1468
	dLNTB	-10.6457	(C,T,2)	-4.03073	-3.44503	-2.27207	-2.16122
	LNER	-1.9579	(C,T,1)	-4.0296	-3.44449	-6.66693	-6.57914
	dLNER	-8.51128	(C,T,0)	-4.0296	-3.44449	-6.65246	-6.58662
	LNRV	-6.80008	(C,T,1)	-4.0296	-3.44449	3.322541	3.410333
	LNDIP	-1.45458	(C,T,3)	-4.03073	-3.44503	-4.66361	-4.5306
	dLNDIP	-6.22319	(C,T,2)	-4.03073	-3.44503	-4.66206	-4.55122
韩国	LNTB	-2.65911	(C,T,1)	-4.0296	-3.44449	-2.28321	-2.19542
	dLNTB	-16.9835	(C,T,0)	-4.0296	-3.44449	-2.2443	-2.17845
	LNER	-1.97622	(C,T,4)	-4.03131	-3.44531	-4.72599	-4.57002
	dLNER	-3.73666	(C,T,3)	-4.03131	-3.44531	-4.70985	-4.57616
	LNRV	-7.97462	(C,T,0)	-4.02904	-3.44422	2.989533	3.055051
	LNDIP	-2.01636	(C,0,1)	-3.48082	-2.88358	-3.64781	-3.58197
	dLNDIP	-17.7741	(C,0,0)	-3.48082	-2.88358	-3.63181	-3.58791
中国	LNCIP	-2.23252	(C,T,2)	-4.03016	-3.44476	-5.2633	-5.15301
	dLNCIP	-12.9852	(C,T,1)	-4.03016	-3.44476	-5.23959	-5.15135

注:检验方程形式(C,T,d)中C表明检验方程带有常数项,T表明带趋势项。d为滞后期数,选择标准是AIC和SC准则。检验计量软件为Eviews6.0。

由检验结果可以看到,除汇率波动率LNRV变量是I(0)序列外,其他变量在5%的显著性水平下都是一阶单整序列。

5.4.2 协整检验

由于我们是需要评判汇率波动对贸易顺差调整的国别(地区)差异,因此,使用协整方法分别对中国与上述各贸易伙伴的双边贸易差额进行检验。检验的基本思路是使用滞后长度判别检验(Lag Length Criteria)确定协整检验的滞后阶数,然后逐步剔除系数不显著的变量。在进行协整检验时,我们是根据迹检验和最大特征值统计量的结果进行协整关系的判断,此处直接给出了各变量序列的协整向量结果。

表 5.2 各变量间存在的协整向量

	LNTB	LNER	LNRV	LNDIP	LNCIP	D1	Trend
美国	1	0.37007	0.0063	2.25932	1.6903	0.17705	-0.016503
	标准误差	-0.38565	-0.01731	-0.59264	-0.77882	-0.05324	-0.00879
欧盟	1	0.13652	0.61303	2.00946	0.56713		
	标准误差	-0.5199	-0.07275	-0.95052	-0.17658		
日本	1	-1.624055	-0.314699	-3.295453	5.52842	0.47057	-0.073839
	标准误差	-0.46209	-0.07025	-0.51263	-1.53362	-0.14275	-0.01857
韩国	1	0.97608	0.0646	-8.050383	3.62665	-0.269969	
	标准误差	-0.57532	-0.11223	-1.8105	-0.79674	-0.20631	
东盟	1	-1.82146	-0.197254	-1.070059	4.04774	0.49024	-0.035702
	标准误差	-0.78789	-0.03372	-0.38816	-0.89292	-0.12653	-0.01069

注:汇率变量使用的是直接标价法,即汇率数值上升代表本币贬值,下降代表本币升值。

协整检验结果表明,时间虚拟变量 D2 的系数都是不显著的,这表明汇率的趋势性调整对双边贸易顺差没有显著的效应。而 D1 变量在中国与主要贸易逆差国(地区)的贸易方程中系数是比较显著的,说明加入 WTO 整体而言对中国的贸易差额有比较显著的影响。

由于我们这里汇率采取的是直接标价法,即若干单位外币折算的人民币数量,因此汇率下降代表本币升值。从协整结果来看,人民币升值抑制顺差增长的效应在中美、中欧、中韩贸易中有所表现,但是汇率变量的系数只在中韩贸易差额变动方程中是显著的。人民币升值对中国与其他贸易伙伴国(地区)的贸易顺差调整都没有明显效果,甚至会产生相反的效应。

中美贸易顺差对美国和中国工业产出的弹性值分别为 2.26 和 1.69,对双边汇率的弹性值为 0.37。而中欧贸易顺差对双方国内产出水平的弹性值分别为 2.01 和 0.57,对双边汇率的弹性值为 0.14。中韩贸易顺差对双边实际汇率弹性值为 0.98。从系数估计结果来看,以上三国(地区)双边汇率升值对贸易顺差增长具有一定的抑制作用。而中日、中国与东盟双边汇率升值则与中国对其贸易顺差增长具有正向影响。

另外,汇率波动对中国与日本、东盟的贸易差额变化产生了较为显著的负面效应,但对中美、中欧、中韩的贸易差额调整则产生正向效应。从汇率波动率的影响程度来看,系数估计值比较显著的结果其绝对值也较大,因此总体而言汇率波动率对贸易差额还是有一定影响效应的。

由各变量系数的绝对值大小结果可以看到,中国和贸易伙伴国(地区)的国内产出水平是影响贸易差额的主要因素。我们可以发现一个显著的规律:中国对贸易顺差国(地区)的双边国内产出状况对中国的贸易顺差有显著的正向影响,而贸易逆差来源国(地区)的国内产出水平与中国对其的贸易顺差之间是负相关关系,中国的工业产出水平增长会促使中国对贸易逆差伙伴国的贸易顺差增长,而且系数值都比较大。这表明我国经济发展对外部市场的依赖程度过高。

5.4.3 格兰杰因果检验

这部分使用格兰杰因果检验方法研究主要经济变量与贸易差额之间的关系。由于我们主要关注汇率、汇率波动率、双方经济发展状况的影响,因此没有给出其他变量的检验结果。

表 5.3 格兰杰因果检验结果

	零假设	F 统计量	P 值
美国	LNER__US does not Granger Cause LNTB__US	1.27887	0.2847
	LNTB__US does not Granger Cause LNER__US	3.39446	0.0201
	LNRV__US does not Granger Cause LNTB__US	2.77085	0.0445
	LNTB__US does not Granger Cause LNRV__US	2.53804	0.0597
	LNDIP__US does not Granger Cause LNTB__US	0.73848	0.531
	LNCIP__US does not Granger Cause LNTB__US	2.49541	0.063
欧盟	LNER__EU does not Granger Cause LNTB__EU	4.43072	0.001
	LNTB__EU does not Granger Cause LNER__EU	0.4019	0.8467
	LNRV__EU does not Granger Cause LNTB__EU	1.3768	0.238
	LNTB__EU does not Granger Cause LNRV__EU	1.01819	0.4102
	LNDIP__EU does not Granger Cause LNTB__EU	2.29735	0.0495
	LNCIP__EU does not Granger Cause LNTB__EU	1.52979	0.1858

续表

日本	LNER__JP does not Granger Cause LNTB__JP	1.42813	0.2378
	LNTB__JP does not Granger Cause LNER__JP	2.87412	0.039
	LNRV__JP does not Granger Cause LNTB__JP	2.22237	0.0889
	LNTB__JP does not Granger Cause LNRV__JP	0.08738	0.9668
	LNDIP__JP does not Granger Cause LNTB__JP	1.83713	0.1439
	LNCIP__JP does not Granger Cause LNTB__JP	2.27142	0.0836
东盟	LNER__EA does not Granger Cause LNTB__EA	1.23715	0.2962
	LNTB__EA does not Granger Cause LNER__EA	1.36205	0.2436
	LNRV__EA does not Granger Cause LNTB__EA	0.99271	0.4254
	LNTB__EA does not Granger Cause LNRV__EA	0.52893	0.754
	LNDIP__EA does not Granger Cause LNTB__EA	0.75801	0.5819
	LNCIP__EA does not Granger Cause LNTB__EA	2.3028	0.049
韩国	LNER__KA does not Granger Cause LNTB__KA	0.98177	0.3775
	LNTB__KA does not Granger Cause LNER__KA	5.63059	0.0045
	LNRV__KA does not Granger Cause LNTB__KA	3.28189	0.0408
	LNTB__KA does not Granger Cause LNRV__KA	2.533	0.0835
	LNDIP__KA does not Granger Cause LNTB__KA	1.49175	0.2289
	LNCIP__KA does not Granger Cause LNTB__KA	0.47219	0.6247

注：_US，_EU，_JP，_EA，_KA 分别代表美国、欧盟、日本、东盟、韩国的相应变量。

从格兰杰因果检验结果可以看到，在 10% 的显著性水平上，除欧盟外，汇率变动对中国与其他各贸易伙伴之间的贸易顺差调整没有格兰杰因果效应。而中美、中日、中韩的贸易顺差对双边实际汇率变动存在格兰杰因果关系。汇率波动率则对中美、中日、中韩之间的贸易差额具有格兰杰因果效应。只有欧盟的工业产出水平对中欧贸易顺差调整具有显著的格兰杰因果效应。中国的工业产出对中国与美国、日本、东盟的贸易差额调整具有格兰杰因果效应。

5.5 本章研究主要结论述评

1. 人民币趋势性升值对贸易顺差的调整效应是不显著的,其作用结果对不同贸易伙伴存在差别

人民币升值抑制顺差增长的效应在中美、中欧、中韩贸易中有所表现,但是其作用结果不显著。升值对中国与其他贸易伙伴国的贸易顺差调整都没有明显效果,甚至会产生相反的效应。这可能是由两方面的原因产生。一方面,考虑到影响双边贸易差额变化的主要因素是贸易双方的国内经济状况,因此汇率变量对贸易顺差不起作用或起相反的作用。另一方面,我们认为是由于人民币一直存在的升值预期。当人民币存在稳定的升值预期时,作为国内出口商,会认为现在出口比本币升值之后更加容易,因此会加快出口步伐,从而造成汇率变量与贸易差额存在协整方程中表明的负相关关系。这也间接表明,人民币小幅升值在短期内不仅可能不会降低我国贸易顺差,反而有可能会加速贸易顺差的增长。

2. 汇率波动率总体而言对贸易差额具有显著影响

汇率波动对中国与日本、东盟的贸易差额变化产生了较为显著的负面效应,但对中美、中欧、中韩的贸易差额调整则产生正向效应。从汇率波动率的影响程度来看,系数估计值比较显著的结果其绝对值也较大,因此总体而言汇率波动率对贸易差额还是有一定影响效应的。从这个结果可以看出,随着人民币浮动程度不断增强,虽然汇率变动的趋势性升值或贬值对顺差调整作用不明显,但是由于波动幅度加大也仍然会对贸易顺差产生调整作用。

3. 贸易伙伴国(地区)的国内经济发展是贸易差额变化的主要影响因素,中国自身的经济发展对贸易顺差的形成具有重要作用

由各变量系数的绝对值大小结果可以看到,中国和贸易伙伴国(地区)的国内产出水平是影响贸易差额的主要因素。我们可以发现一个显著的规律:中国对贸易顺差国的双边国内产出状况对中国的贸易顺差有显著的正向影响,而贸易逆差来源国的国内产出水平与中国对其的贸易差额之间是负相关关系,中国的工业产出水平增长会促使中国对贸易逆差伙伴国(地

区)的贸易顺差增长,而且系数值都比较大。这表明我国经济发展对外部市场的依赖程度过高。

4. 我国加入 WTO 对贸易顺差的形成具有显著影响

我们在协整分析时加入了时间虚拟变量,以 2002 年 1 月为时点的虚拟变量在中国与主要贸易逆差国(地区)的贸易方程中都作用显著,而以 2005 年7 月为分隔点的时间虚拟变量在所有协整方程中的系数都不显著。这表明在受产品内分工影响的国际生产链条中,我国加入 WTO 对贸易差额变化的影响较为明显。由于加入 WTO 之后我国开放市场,而且也进入了国际市场,使出口部门吸引了较多的国内外投资。这些外资更多地进入了出口加工生产环节,因此我国将日本、韩国、东盟的生产中需要加工装配的最后环节吸引进来,从这些国家和地区进口半成品,造成我国对这些国家和地区产生贸易逆差。然后将产成品销售到欧美发达国家和地区,形成我国对这些贸易伙伴的巨额贸易顺差。

第六章 CHAPTER 5

汇率波动、金融发展与国际贸易商品结构变化

6.1 引　言

自改革开放以来,我国金融部门发展非常迅速。金融机构的数量、从业人员、交易金额、金融工具种类都有了极大的增加。自 2001 年我国加入 WTO 以后,外国金融机构更是大举进入,为我国金融发展提供了动力与竞争机制。在此期间,我国对外贸易发展成效更为显著,2008 年我国外贸总额达到 2.56 万亿美元,出口总额在世界各国中已经排名第 2 位,虽然受美国金融危机的冲击,2009 年外贸总额比 2008 年下降 13.9%,但进出口总额仍然达到了 2.2 万亿美元,出口总额已经超越德国,成为世界第一大出口国。[①]

在现代经济社会中,金融市场和金融中介的作用非常重要,它们集中储蓄、配置贷款、便利交易、为风险资产定价等。在我国外贸总额不断增长的进程中,自然也离不开金融部门的支持。完善的金融部门对一国总体经济增长具有重要的正面影响,这已经被不少学者所证实。由于对融资的需求依赖于厂商经营活动的类型,所以,金融部门的增长效应在不同行业之间存

① 资料来源:中国商务部网站。

在差异。

一些关于金融和贸易的研究文献发现金融发展程度确实可看作为额外比较优势的来源渠道。特别是不少学者认为金融发达的国家出口更加集中在需要进行外部融资的部门。这通常是因为参与出口的厂商需要面对较多额外的成本,如收集信息,建立分销网络,或使他们的产品更加适合国际市场的需求而进行相应改造(Melitz,2003;Berman and Hericourt,2008)。Das,Roberts 和 Tybout(2007)的实证研究表明此类成本事实上可能非常大。另外,一些学者认为金融发展之所以对贸易流具有正向影响,不仅仅是由于它使更多的厂商开始出口,也是因为它降低了生产率和由流动性约束决定的出口决策之间的人为分隔。在金融发达的国家,生产率是出口决策的重要影响变量。通过减少经济中的信贷约束,金融发展使具有生产效率的厂商开始进入外国市场。从而使得金融发展对厂商的出口决策和出口数量产生影响(Berthou,2006;Manova,2007;Suwantaradon,2008)。流动性约束的影响可以通过影响贸易密度而影响厂商的出口水平:已经从事出口贸易的厂商如果想进一步扩张出口规模,必须投入新的固定成本以进入新的市场(Eaton,Korum and Kramarz,2004,2005),用以扩大消费者数量(Arkiolakis,2006),或增加产品种类(Mayer and Ottaviano,2007)。

基于信贷约束的研究大都将金融发展作为降低出口成本,从而促进出口增长的一个重要因素。研究金融发展对不同行业的贸易促进效应差异,有利于正确评估金融深化的贸易效应,分析贸易和专业化模式发展的影响因素。本章根据国际贸易标准分类一位数分类数据,借助于协整和误差修正模型研究金融发展对各类商品外贸竞争力的影响程度,进而分析其对我国外贸结构变动的影响作用。

对比已有研究,本章的创新之处主要有两点:第一,笔者认为,既然出口厂商会面临比单纯的国内贸易更高的成本,那么对于进口厂商而言,进口经营也需要增加较多的额外成本。而具有较为便利的融资条件的厂商应该也会获得进口的发展优势。因而金融发展不应该仅仅作用于出口,其对进口也应该具有促进作用。第二,对外部融资依赖程度不同的行业,其外贸发展对金融发展的敏感度应该是不同的。基于此,本部分将研究重点放在金融发展对不同行业外贸发展的影响上,从而论证金融发展对我国贸易结构调整的影响效应。

考虑到数据的可得性及可比性，本章将研究期间限定为1980—2009年。本部分结构安排为，第二部分是文献综述，从国内外两个方面回顾相关研究文献。第三部分分析了1980年以来我国贸易结构变化情况。第四部分是实证研究，基于协整的方法分析了金融发展对我国不同商品分类进出口的影响程度。第五部分是研究的总结及政策建议。

6.2 文献综述

已有的研究文献大都认为金融深化对国际贸易发展是具有显著效应的。但是其影响程度在不同行业、不同类型的国家之间存在差异。

6.2.1 国外学者的研究

一些学者是以金融发展影响贸易增长的机制入手进行研究的。Markusen和Venables(2000)证实贸易成本确实会影响贸易模式，由于金融发展会影响贸易成本，因此，它对贸易模式和数量应该是有影响的。Manova(2008)认为信贷约束是国际贸易流的重要影响因素，金融发展提供了除要素禀赋和生产技术之外的比较优势来源。

西方学者也从实证层面验证了金融发展的贸易促进效应。Beck(2002)使用65个国家在1966—1995年的数据研究了金融发展对制造品贸易的影响。结论认为，具有较低金融搜寻成本的国家将具有高的资本存量，它可使一国更好地拥有规模经济优势，并转化为比较优势。Manova和Zhang(2008)针对中国的研究认为外资企业进出口占中国金融敏感部门进出口的一大部分。而在那些对金融条件不敏感的部门中，合资企业、国有企业和私人企业的区别不大，前者显示出更加平衡的跨部门分布特性。他们认为，当国际贸易受到信贷约束时，外资企业可以在国际市场上获得相对便宜的金融支持，而国有企业则只能从本地银行那里获得贷款。[①]

虽然国内金融市场是非常重要的融资来源，可能是某些企业的唯一融

① 对企业而言，除进行生产活动外，最基本的行为就是融资行为和投资行为(张利兵，2008)，这其中都涉及金融系统的效率。

资渠道,但是国外资产组合和直接投资仍然提供了不同的融资来源,因而有一类研究认为海外融资便利为外资企业的外贸发展提供了额外的优势。Manova(2008)认为实行资产市场自由化的国家通常都经历了出口的增长过程,而那些对外部融资非常依赖的部门和具有较少实物资产的部门出口增长率相对要高许多。Desai 等(2008)发现跨国公司的外国附属企业相对于东道国同类企业而言,对营利性高的出口机会往往比较敏感。当出现较大程度的实际货币贬值时,附属企业往往从其母公司获得更多融资,使他们可以增加销售和投资,而本地企业则往往无法扩张。

在微观数据层面,有不少文献证实金融发展确实对双边贸易流具有正向影响,[①]这些研究表明外部融资的可获得性是异质性厂商出口行为的重要决定因素。Chaney(2005)将流动性约束和金融发展引入了 Melitz(2003)模型,表明信贷约束(credit constraints)与生产率一起决定了厂商是否从事出口的选择。[②] Suwantaradon(2008)研究了金融市场的不完全性对厂商经营和出口决策的影响。Berman 和 Hericourt(2010)使用包括 9 个发展中国家和新兴经济体的 5000 个厂商的微观层面数据,研究结果显示厂商所处的金融环境对其出口决策具有重要影响。

6.2.2 国内学者的研究

相对而言,国内学者对该问题的研究,与西方学者主要以理论说明、模型构建再到实证研究的思路有所区别。目前国内主要的研究是集中在实证研究层面。从机制上来讲,绝大多数国内文献都认为金融发展可以促进贸易增长的结论是肯定的。主要的区别在于研究对象的不同。第一类研究以我国总体金融发展与贸易增长之间的联系为研究目标;第二类则深入到不同区域、不同省份来分析,第三类则以金融发展对具体的行业贸易、贸易结构为研究对象。

孙兆斌(2004)发现金融发展水平与贸易商品结构之间存在长期协整关系。齐俊妍(2005)认为金融发展的水平越高,贸易结构中更多依赖外部金

---

① 比如,Beck(2002),Beck(2003),Berthou(2006),Manova(2007)等。

② 流动性约束的影响可以通过影响贸易密度而影响厂商的出口水平:已经从事出口贸易的厂商如果想扩张出口规模,必须投入新的固定成本以进入新的市场(Eaton et al. ,2004, 2005),以扩大消费者数量(Arkiolakis,2006),或增加产品种类(Mayer and Ottaviano,2007)。

融的产品（通常是技术密集型产品）所占的比重越大，越有利于优化贸易结构。骆效生、刘武兵（2008）对金融发展与国际贸易关系的文献做了梳理。曲建忠、张战梅（2008）认为金融发展对我国国际贸易的发展发挥了显著的促进作用。孙力军（2008）分析了金融信用发展对物质资本积累的作用。徐建军、汪浩瀚（2009）的理论分析表明，金融发展主要通过金融制度、技术创新、资源配置、分散风险和汇率调整等途径来影响国际贸易。马颖、陈波（2009）验证了经济体制改革、金融发展与经济增长之间的正向关系。

一些文献研究了金融发展与我国地区对外贸易发展之间的关系。沈能（2006）等的研究表明我国部分地区出口的快速发展在很大程度上得益于非正式金融。徐建军，汪浩瀚（2008）认为全国金融发展对进、出口都有着显著的促进作用，但在不同区域，其影响差异显著。林玲（2009）等人基于省际面板数据的研究认为我国金融发展有限地促进了本土企业的出口增长。

还有一些文献以特定行业为对象研究金融发展的贸易促进作用。朱彤（2007）等人的研究表明，金融发展通过外部融资支持提高了对外部融资依赖较强行业的比较优势。史龙祥，马宇（2008）认为，融资能力改善存在优化出口结构的作用，但在不同制造业存在较大差异；金融结构优化促进出口结构优化的作用相对较弱。包群，阳佳余（2008）的研究表明金融发展水平是影响工业制成品比较优势的重要变量。

虽然研究方法不尽一致，使用的代理变量及数据也不完全相同，但从总体来看，国内的研究大都得出结论认为金融发展确实对我国对外贸易产生的增长效应。从研究对象上来看，现有文献较多以金融发展对总体贸易水平产生的作用为研究内容，或者比较关注于金融发展对出口的促进作用，因而将金融因素归结为一种比较优势类型的因素。基于行业的分类研究也多以工业行业分类为主，本书是基于国际贸易领域常用的分类：国际贸易标准分类数据进行研究，更加具有针对性。

6.3 我国商品贸易结构变化情况

不同外贸商品的贸易竞争力指数变化可以反映总体的贸易结构变化趋势。贸易竞争力指数的计算公式为 $TC_i = (X_i - M_i)/(X_i + M_i)$。$TC_i$ 表示 i

产品的贸易特化系数，X_i、M_i 分别表示 i 产品的出口额和进口额，因此，贸易特化系数表示的是 i 产品的纯出口比率。贸易特化系数介于 -1~1，-1~1 的上升运动反映了从净进口到净出口的变化过程，1~-1 的下降运动反映了从净出口到净进口的变化过程。一般来说，某种产品的贸易特化系数越接近 1，说明出口额远远超过进口额，该种产品在国际市场上的竞争力就越强；反之，如果贸易特化系数越接近于 -1，则说明进口额远远大于出口额，该种产品在国际市场上的竞争力就越弱。[①] 本书使用我国不同行业商品的贸易竞争力指数发展变动情况来反映贸易结构的变化。

按照 SITC 的一位数分类将中国进出口商品分为九大类，分别以 SITC0～SITC8 表示，去除统计中未分类的其他商品一项，数据根据各期《中国统计年鉴》整理获得。

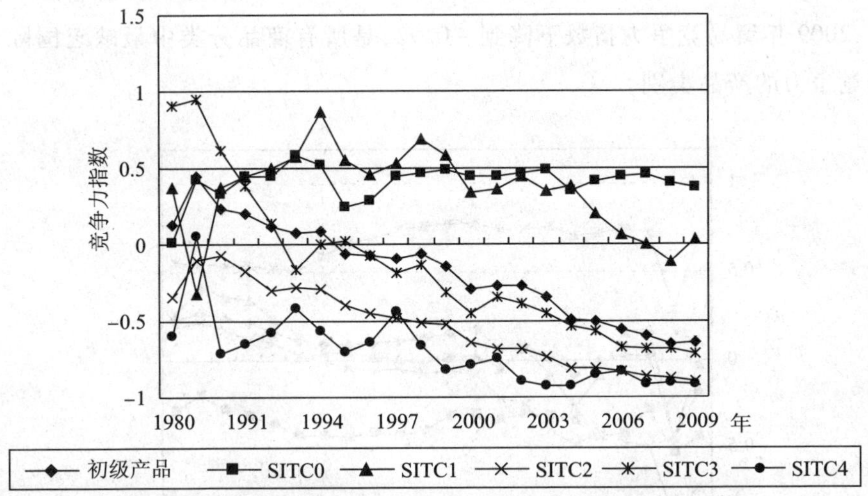

注：SITC0（食品及活动物）、SITC1（饮料及烟类）、SITC2（非食用原料）、SITC3（矿物燃料、润滑油及有关原料）、SITC4（动、植物油脂及蜡）。2009 年数据转引自中国经济信息网数据库。

图 6.1 初级产品及其分类的贸易竞争力指数变化情况

① 张小蒂、李晓钟（2002），冯正强、杨晓霞（2007），费代华（2008）使用该方法衡量贸易结构。值得指出的是，张小蒂、李晓钟（2002）将其称为贸易竞争力指数，并根据某类商品所处的区间划分其比较优势。

从图6.1可以看到,1980—1985年,初级产品的贸易竞争力指数是上升的。但随后就一直下降,2009年降为-0.64。从其构成中可以看到,第0类商品的贸易竞争力指数在1985年后基本保持在0.3~0.6,没有发生大幅度变化,但2007年到2009年发生了显著的下降。第1类饮料及烟类的贸易竞争指数则是先升后降,在1994年达到最高的0.87,2008年则降低到-0.11,2009年出现回升。第2类的非食用原料则本身竞争力指数就一直在负值区间,2009年更是降低到-0.89的水平,说明我国在这类商品的出口上比较缺乏国际竞争力。第3类商品矿物燃料、润滑油及有关原料的贸易竞争力指数是变化幅度最大的一类,从1980年接近1的水平下降到2009年-0.72,几乎横跨了整个(-1,1)区间。我国此类商品的贸易经历了从出口大国到进口大国的变化,说明我国经济发展中对外部资源的依赖程度越来越高,隐含了我国经济发展过程中的外部市场风险。我国第4类商品的贸易以进口为主,2009年贸易竞争力指数下降到-0.92,是所有商品分类中最缺乏国际市场竞争力的产品类别。

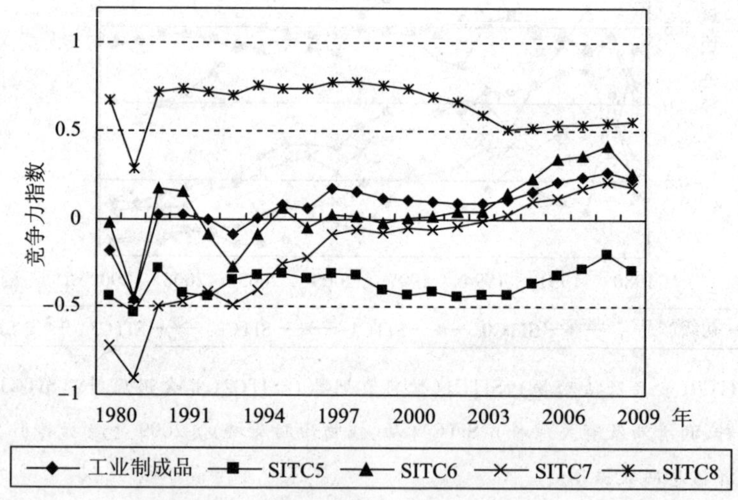

注:SITC5(化学成品及有关产品)、SITC6(轻纺产品、橡胶制品、矿冶产品及其制品)、SITC7(机械及运输设备)、SITC8(杂项制品)、SITC9(未分类的其他产品,本文未包括)。2009年数据转引自中国经济信息网数据库。

图6.2 工业制成品及其分类的贸易竞争力指数变化情况

从图 6.2 可以看出，就工业制成品总体而言，其出口竞争力指数在 1980 年到 1985 年是下降的，但随后基本保持了上升的趋势。尤其是 1997 年，从 1996 年的 0.06 上升到 0.17，但随后出现波动，2002 年、2003 年又下降到 0.09。但近几年又有所提高，2008 年最高达到 0.27，2009 年又出现下降趋势。就其构成而言，第 5 类化学成品及有关产品的外贸竞争力出现小幅升高的趋势，2009 年达到 -0.29，仍是以进口为主。第 6 类轻纺产品、橡胶制品、矿冶产品及其制品的外贸竞争力则表现一定程度的上升，从 1985 年的最低 -0.45 升到 2008 年的最高值 0.42，第 7 类商品机械及运输设备的外贸竞争力也表现出较大幅度上升，其贸易竞争力指数从 1985 年的最低 -0.91 上升到 2009 年的 0.18。第 8 类杂项制品的贸易竞争力指数则小幅下降，近年徘徊在 0.55 左右。

6.4 实证研究

6.4.1 研究方法与数据说明

1. 金融发展的衡量指标

虽然经过近二十年的发展，我国直接融资市场已经占据相当规模，但企业对以商业银行为主体的间接融资仍然十分依赖。而无论是从经营规模，还是金融资产总量来看，我国各类商业银行的存贷款业务仍然占据我国金融资产的主要份额。借鉴前人实证研究的经验，本部分使用金融机构的贷款额来衡量我国金融深化的程度。在实际使用时，采用其对 GDP 的比率，换算成以 1980 年为 100，然后取自然对数，在实证检验时使用 LnFD 表示。数据转引自各年度《中国金融年鉴》。

2. 贸易结构的衡量指标

以各类商品历年进出口额与当年贸易总额相比作为贸易结构发展变化的衡量指标，分别以 SITC0 ~ SITC8 表示。将每个序列都换算成以 1980 年为基期 100，然后取自然对数，实证研究时分别以 LnSITC0 ~ LnSITC8 表示。数据转引自各年度《中国统计年鉴》。

3. 其他控制变量

(1)汇率

关于汇率与贸易发展关系的研究文献大都认为，汇率变动是影响外贸发展的重要变量。因此,在实证研究中本书将汇率因素也考虑了进来。数据转引自 IMF 统计的人民币实际有效汇率指数,换算成以 1980 年为基期 100,然后取自然对数,在实证检验中以 *LnREER* 表示。

(2)世界 GDP

商品进出口与世界经济发展状态有关,在实证研究中以世界 GDP 指数作为衡量我国各类商品贸易发展的外部影响因素。数据转引自 IMF 统计数据库中的不变价世界 GDP 指数。换算为以 1980 年为基期 100 的定基指数,取自然对数以 *LnWGDP* 表示。

(3)商品价格

商品贸易也会受到价格水平的影响,但是由于 20 世纪 90 年代之前我国缺乏贸易品价格的统计数据,尤其是分类商品价格数据更加难以得到。因此,对初级产品,使用我国历年商品零售价格定基指数作为各类贸易品价格的替代变量,对于工业制成品,使用工业品出厂价格定基指数,基期都设定为 1980 年。实证检验时分别以 *LnACP* 和 *LnICP* 表示。

设定实证检验的方程形式为

$$LnSITC_i = \alpha + \beta LnFD + \gamma LnP_n + LnREER + LnWGDP + \varepsilon_i$$

其中,*Pn* 在实证检验时代表 *LnACP* 或 *LnICP*。

6.4.2 基于协整检验的实证研究

1. 变量平稳性检验

首先通过单位根检验确定以上各变量的单整阶数。为确保结果的正确性,对每个变量序列都使用 ADF 和 PP 两种检验,在滞后期数的选择上,参照赤池信息准则 AIC(Akaike Info Criterion)和施瓦茨准则 SC(Schwarz Criterion)。

表 6.1 各变量平稳性检验结果

变量	ADF 统计量	检验方程形式	临界值 1%	临界值 5%	AIC	SC
LnSITC0	-2.4867	(C,t,0)	-4.3098	-3.5742	-1.5875	-1.4461
LnSITC1	-2.7873	(C,t,0)	-4.3098	-3.5742	-0.1844	-0.0430
LnSITC2	-0.7491	(C,t,0)	-4.3098	-3.5742	-1.6845	-1.5431

续表

LnSITC3	-2.1259	(C,0,0)	-3.6793	-2.9678	-0.2584	-0.1641
LnSITC4	-3.2318	(C,t,1)	-4.3240	-3.5806	0.6526	0.8430
LnSITC5	-2.7268	(C,t,2)	-4.3393	-3.5875	-1.9086	-1.6686
LnSITC6	-1.9537	(C,t,0)	-4.3098	-3.5742	-2.5878	-2.4464
LnSITC7	-1.1559	(C,t,5)	-4.3943	-3.6122	-2.2231	-1.8305
LnSITC8	-1.0887	(C,t,0)	-4.3098	-3.5742	-1.0621	-0.9207
LnFD	-2.9080	(C,t,1)	-4.3240	-3.5806	-2.7053	-2.5150
LnACP	-0.5549	(C,t,2)	-4.3393	-3.5875	-3.2937	-3.0537
LnICP	-1.3309	(C,t,1)	-4.3240	-3.5806	-2.8769	-2.6866
LnREER	-1.3684	(C,t,0)	-4.3098	-3.5742	-1.5086	-1.3672
LnWGDP	-3.7080	(C,t,1)	-4.3240	-3.5806	-6.1093	-5.9190
dLnSITC0	-3.7581	(C,0,0)	-3.6892	-2.9719	-1.4385	-1.3433
dLnSITC1	-6.6109	(C,0,0)	-3.6892	-2.9719	-0.3601	-0.2650
dLnSITC2	-5.7157	(C,t,1)	-4.3393	-3.5875	-1.8718	-1.6798
dLnSITC3	-4.7449	(C,0,1)	-3.6999	-2.9763	-0.0547	0.0893
dLnSITC4	-5.0307	(C,0,1)	-3.6999	-2.9763	0.7858	0.9298
dLnSITC5	-4.0486	(C,0,4)	-3.7379	-2.9919	-1.9148	-1.6203
dLnSITC6	-5.0044	(C,0,0)	-3.6892	-2.9719	-2.4563	-2.3612
dLnSITC7	-5.5209	(C,0,4)	-3.7379	-2.9919	-2.2851	-1.9906
dLnSITC8	-5.2120	(C,0,0)	-3.6892	-2.9719	-1.0126	-0.9174
dLnFD	-4.2211	(C,0,1)	-3.6999	-2.9763	-2.5436	-2.3996
dLnACP	-2.2441	(0,0,1)	-2.6534	-1.9539*	-3.2349	-3.1389
dLnICP	-1.9191	(0,0,0)	-2.6502	-1.6098	-2.8958	-2.8483
dLnREER	-4.2163	(C,0,0)	-3.6892	-2.9719	-1.3332	-1.2381
dLnWGDP	-3.4249	(C,0,1)	-3.6999	-2.9763	-5.934	-5.7900

注：dX 表示对变量 X 取差分。* 表示 10% 置信度。

从检验结果可知，数据序列的水平值都不是平稳的，但其一阶差分序列平稳，说明它们都是 I(1) 序列。

2. 协整检验

这一部分在稳定性检验的基础上使用 Johansen 方法对变量进行协整检验，通过建立迹统计量和最大特征值似然比统计量来确定各变量之间的协整关系。表 6.2 列出了协整检验的结果。

表 6.2　各变量协整检验的结果

变量	*LnFD*	*LnACP*	*LnREER*	*LnWGDP*
LnSITC0	1.091813	1.210156	0.906305	6.537537
系数标准误	-0.31782	-0.15616	-0.16768	-1.02308
LnSITC1	-0.91677	0.735969	-0.92851	-1.19119
系数标准误	-0.1184	-0.05858	-0.06339	-0.36453
LnSITC2	0.215469	1.028769	0.048886	0.420587
系数标准误	-0.1055	1.124536	-0.06161	-0.06621
LnSITC3	-2.25528	-0.2646	0.337217	1.756974
系数标准误	-0.37118	-0.1538	-0.20497	-0.26003
LnSITC4	1.874197	5.565586	4.148324	24.33159
系数标准误	-1.12133	-0.56326	-0.6378	-3.64086
变量	LnFD	LnICP	LnREER	LnWGDP
LnSITC5	1.381319	0.647809	0.597124	2.358188
系数标准误	-0.17956	-0.08977	-0.10421	-0.47817
LnSITC6	-2.56951	-0.22454	-1.52079	0.118043
系数标准误	-0.32087	-0.14023	-0.17117	-0.27705
LnSITC7	5.521501	-0.01374	2.353284	-0.38274
系数标准误	-0.92449	-0.38607	-0.48833	-0.78533
LnSITC8	1.933587	2.28277	1.633025	-2.65635
系数标准误	-0.41891	-0.1786	-0.18816	-0.36828

通常将第 0~4 类产品理解为初级产品，第 6、8 类产制成品理解为劳动密集型产品，而第 5、7 类制成品理解为资本或技术密集型产品，第 9 类为未分类的其他产品(本表未包括进来)。从协整检验的结果可以看到，我国分类商品对外贸易的发展与大多数已有文献针对总量贸易额的研究结论结果是一致的。

在 9 类商品中，有 6 类商品的外贸发展受金融深化的正面影响，大多集中在工业制成品商品类中。其中，第 4、5、7、8 类商品外贸发展受金融深化正面影响的程度较高。从绝对值数量上来看，影响程度最高的是第 7 类(机械及运输设备)商品，弹性值达到了 5.5。此外，从总体上来讲，金融深化并没有显著改善我国初级产品的外贸发展程度，其对第 1、3 类产品的外贸发展还产生了一定程度的负面影响。

除第 2 类和第 3 类商品外，汇率都以比较高的显著性水平进入了协整方程,表明我国外贸发展确实受人民币汇率变化的影响。此外,世界需求水平显著地影响到我国初级产品的对外贸易,但对工业制成品的外贸发展影响作用不明确。除第 0 类和第 2 类商品外,价格在协整方程中都不是绝对值最大的变量。

与国外已有研究的结论一致,本书也发现第 5 类和第 7 类商品对外贸易的发展对金融深化是比较敏感的,这也印证了许多西方学者研究的结论(如 Manova,2007;Bellone,2008;Kalina,2008 等),即资本或技术密集型产品,由于其投资主体往往是跨国公司,对外部金融的依赖程度较高,其外贸发展经常得益于一国的金融深化过程。

6.5 结论及政策含义

(1)我国金融深化对外贸结构调整的作用是比较显著的。9 类商品中有 6 类的外贸发展得益于金融深化进程。这与大多数以外贸总体发展为目标的研究结论基本一致。

(2)价格水平并不是影响大多数分类商品外贸发展的主要因素,其所起作用没有世界经济总体发展水平的影响程度高。而世界经济发展显著的影响到我国初级产品的对外贸易,但对工业制成品的外贸发展影响作用是不明确的。

(3)并不是所有类别的商品贸易都得益于金融深化过程。有些虽然在实证研究中表现为受到金融深化的正面影响,但影响程度并不高。这可能是由于以下两方面原因:第一,我国外贸行业无法获得系统有效的金融支持,金融深化主要用于支持了国内贸易部门;第二,这也可能与特定类别的商品特性有关。根据金融深化与贸易发展的相关理论观点,金融深化主要作用是促进对外部融资比较依赖的部门,而对那些主要依靠内源性融资发展的行业作用并不显著。

(4)本书研究具有以下政策意义。第一,金融深化可以提高社会资金配置效率,其对外贸行业的发展应该具有普遍性作用。金融因素能够成为外贸结构调整的重要影响因素,这为我国金融深化改革提供了内在动力。第二,我国在推进金融深化过程中,除关注金融发展的总量指标外,还应该关注金融深化对不同行业发展的不同促进作用。尽量使各行业的发展都能够从金融发展中获益。第三,我国贸易产业结构的升级除依靠常见的贸易政策手段之外,还可以适当借助于金融深化过程。通过不断完善金融服务、营造良好金融环境、加快金融创新,促进我国外贸产业结构升级。

6.6 第六章研究附录

以下分别是 LnSITC0 ~ LnSITC8 与相应变量的协整检验结果。

1. LnSITC0, LnFD, LnACP, LnREER, LnWGDP

原假设	迹统计量	迹统计临界值		最大特征值	最大特征值统计临界值	
协整方程数目	(Trace Statistic)	0.05	p-值	(MaxEigen)	0.05	p-值
没有	123.1528	88.8038	0	47.10846	38.33101	0.0039
至多1个	76.0443*	63.8761	0.0034	39.2046*	32.11832	0.0058
至多2个	36.83965	42.91525	0.1773	16.49581	25.82321	0.501
至多3个	20.34384	25.87211	0.209	14.46824	19.38704	0.2242
至多4个	5.875593	12.51798	0.4763	5.875593	12.51798	0.4763

2. LnSITC1, LnFD, LnACP, LnREER, LnWGDP

原假设	迹统计量	迹统计临界值		最大特征值	最大特征值统计临界值	
协整方程数目	(Trace Statistic)	0.05	p-值	(MaxEigen)	0.05	p-值
没有	154.1365	88.8038	0	72.8477	38.33101	0
至多1个	81.28884*	63.8761	0.0009	44.82867*	32.11832	0.0009
至多2个	36.46017	42.91525	0.19	20.68547	25.82321	0.2062
至多3个	15.7747	25.87211	0.5107	8.635419	19.38704	0.7613
至多4个	7.139283	12.51798	0.3302	7.139283	12.51798	0.3302

3. LnSITC2, LnFD, LnACP, LnREER, LnWGDP

原假设	迹统计量	迹统计临界值		最大特征值	最大特征值统计临界值	
协整方程数目	(Trace Statistic)	0.05	p-值	(MaxEigen)	0.05	p-值
没有	157.8172	69.81889	0	69.29187	33.87687	0

续表

至多1个	88.52532	47.85613	0	50.73726	27.58434	0
至多2个	37.78806*	29.79707	0.0049	24.13861*	21.13162	0.0183
至多3个	13.64945	15.49471	0.0931	11.1154	14.2646	0.1485
至多4个	2.534058	3.841466	0.1114	2.534058	3.841466	0.1114

4. LnSITC3, LnFD, LnACP, LnREER, LnWGDP

原假设	迹统计量	迹统计临界值		最大特征值	最大特征值统计临界值	
协整方程数目	(Trace Statistic)	0.05	p-值	(MaxEigen)	0.05	p-值
没有	90.49718	69.81889	0.0005	37.49824	33.87687	0.0177
至多1个	52.99894*	47.85613	0.0152	28.24498*	27.58434	0.0411
至多2个	24.75396	29.79707	0.1704	13.10161	21.13162	0.4429
至多3个	11.65235	15.49471	0.1744	6.875053	14.2646	0.504
至多4个	4.777302	3.841466	0.0288	4.777302	3.841466	0.0288

5. LnSITC4, LnFD, LnACP, LnREER, LnWGDP

原假设	迹统计量	迹统计临界值		最大特征值	最大特征值统计临界值	
协整方程数目	(Trace Statistic)	0.05	p-值	(MaxEigen)	0.05	p-值
没有	124.5647	88.8038	0	57.7356	38.33101	0.0001
至多1个	66.82909*	63.8761	0.0276	32.25218*	32.11832	0.0481
至多2个	34.57691	42.91525	0.2629	19.51545	25.82321	0.272
至多3个	15.06146	25.87211	0.5694	9.907465	19.38704	0.6288
至多4个	5.153999	12.51798	0.5744	5.153999	12.51798	0.5744

6. LnSITC5, LnFD, LnICP, LnREER, LnWGDP

原假设	迹统计量	迹统计临界值		最大特征值	最大特征值统计临界值	
协整方程数目	(Trace Statistic)	0.05	p-值	(MaxEigen)	0.05	p-值
没有	127.0594	88.8038	0	46.33832	38.33101	0.0049
至多1个	80.72106	63.8761	0.001	33.56249	32.11832	0.0331
至多2个	47.15858*	42.91525	0.0178	27.44305*	25.82321	0.0303
至多3个	19.71552	25.87211	0.2407	13.34304	19.38704	0.3012
至多4个	6.372485	12.51798	0.4145	6.372485	12.51798	0.4145

7. LnSITC6, LnFD, LnICP, LnREER, LnWGDP

原假设	迹统计量	迹统计临界值		最大特征值	最大特征值统计临界值	
协整方程数目	(Trace Statistic)	0.05	p-值	(MaxEigen)	0.05	p-值
没有	96.89004*	69.81889	0.0001	50.03311*	33.87687	0.0003
至多1个	46.85694	47.85613	0.0619	24.18241	27.58434	0.1285
至多2个	22.67453	29.79707	0.2624	10.61284	21.13162	0.6857
至多3个	12.06169	15.49471	0.154	8.575171	14.2646	0.3232
至多4个	3.486518	3.841466	0.0619	3.486518	3.841466	0.0619

8. LnSITC7, LnFD, LnICP, LnREER, LnWGDP

原假设	迹统计量	迹统计临界值		最大特征值	最大特征值统计临界值	
协整方程数目	(Trace Statistic)	0.05	p-值	(MaxEigen)	0.05	p-值
没有	118.07	69.81889	0	43.2097	33.87687	0.0029
至多1个	74.86027	47.85613	0	39.2459*	27.58434	0.001
至多2个	35.6144	29.79707	0.0095	19.34768	21.13162	0.0872
至多3个	16.2667*	15.49471	0.0382	12.83832	14.2646	0.083
至多4个	3.428397	3.841466	0.0641	3.428397	3.841466	0.0641

9. LnSITC8, LnFD, LnICP, LnREER, LnWGDP

原假设	迹统计量	迹统计临界值		最大特征值	最大特征值统计临界值	
协整方程数目	(Trace Statistic)	0.05	p-值	(MaxEigen)	0.05	p-值
没有	85.10512*	69.81889	0.0019	45.28669*	33.87687	0.0015
至多1个	39.81843	47.85613	0.2291	19.58604	27.58434	0.3705
至多2个	20.23239	29.79707	0.4072	13.99637	21.13162	0.3653
至多3个	6.236019	15.49471	0.6676	6.235277	14.2646	0.5832
至多4个	0.000742	3.841466	0.9792	0.000742	3.841466	0.9792

注：*表示在5%的显著性水平上拒绝原假设，p-值是 MacKinnon-Haug-Michelis (1999) p-values。

第七章 CHAPTER 7 服务贸易进出口的影响因素：一个多国动态面板模型的实证分析

7.1 引 言

经济全球化进程是一个商品及要素在世界范围内的流动性不断增长的过程。它不仅包括商品贸易的快速增长，也是世界各国和地区资本流动不断增长的过程，同时还影响着服务经济的全球化发展。健康、教育服务在促进人类整体健康水平不断提高的同时，为经济社会不断发展提供了优质的人力资源；生产性服务业专业化程度的提高，则不断通过生产性行业直接作用于经济发展；金融服务更是成长为现代经济发展的核心动力。各种各样的服务行业都通过不同途径以各种方式作用于现代经济增长，成为经济社会不断发展前进的重要内容。

随着全球经济一体化程度的不断加深，对外贸易在一国经济发展中的作用不断得到增强。虽然服务贸易发展也比较迅速，但是由于数据统计、理论体系等方面的限制，对服务贸易影响因素、服务贸易经济效应以及服务贸易自由化的经济效应的研究仍需要进一步深入（Francois and Hoekman, 2010）。对于服务贸易影响因素的研究直接关系到一国服务贸易政策的制定以及对服务贸易经济效应的评估。而 Schettkat 和 Yocarini（2006）以及 Francois 和 Hoekman（2010）更是直言不讳地指出，在一国由发展中国家成长为发达国家的过程中，服务部门的作用比制造业部门的作用更加重要。尤其是在各国经济开放度不断提高的今天，世界经济波动是一国宏观经济周期变化的主要影响因素。然而，服务贸易却有着较强的自我稳定机制。Borchert和Mattoo(2010)的研究发现，在美国金融危机爆发使商品进出口大幅下降时，服务进出口的下降幅度只相当于商品贸易的三分之一以内。因而，对服务贸易发展影响因素的分析有利于一国采取合理的对策措施，在保证贸易平稳进步的前提下维持宏观经济的平均增长。

在世界社会经济高度服务化、各国服务业快速发展的今天，正确认识影响服务贸易发展的主要经济因素，争取在世界第一大货物贸易国的基础上，有力助推我国服务贸易发展，获取更多开放福利，应该成为服务贸易领域研究的重要问题。

本章拟收集世界主要国家服务贸易发展及相关经济变量的数据，在研究分析服务贸易主要影响因素的基础上，对比发达经济体和发展中国家及新兴经济体服务贸易发展的区别，探讨不同类型国家和地区服务贸易发展的主要影响因素及其作用机制的差别。

7.2 世界商品贸易和服务贸易变动情况

如图7.1所示，1982—2011年，世界服务贸易出口保持了较为平稳的增长趋势，而商品贸易总额则明显受到世界经济波动冲击的影响。尤其是在2008年美国次贷危机爆发期间，商品贸易出现了大幅波动，而服务贸易则仍然保持了较为平稳的增长。在此期间，世界服务贸易与商品贸易总额的比重也基本保持在25%左右。但是从服务贸易自身增长趋势来看，其增长率还是比商品贸易要低。因而，我们有必要探究到底哪些因素对一国服务贸易的增长具有影响作用，以及这些影响效应的程度到底如何。

目前关于服务贸易的相关研究大多是分析服务贸易对经济增长的作用，并进而探讨世界服务贸易自由化产生的经济及社会影响，而专门研究服务贸易影响因素的文献尚不多见。本书就尝试使用世界主要国家的跨国面板数据进行分析，研究一国汇率波动、经济增长以及商品贸易发展服务贸易增长产生的影响。

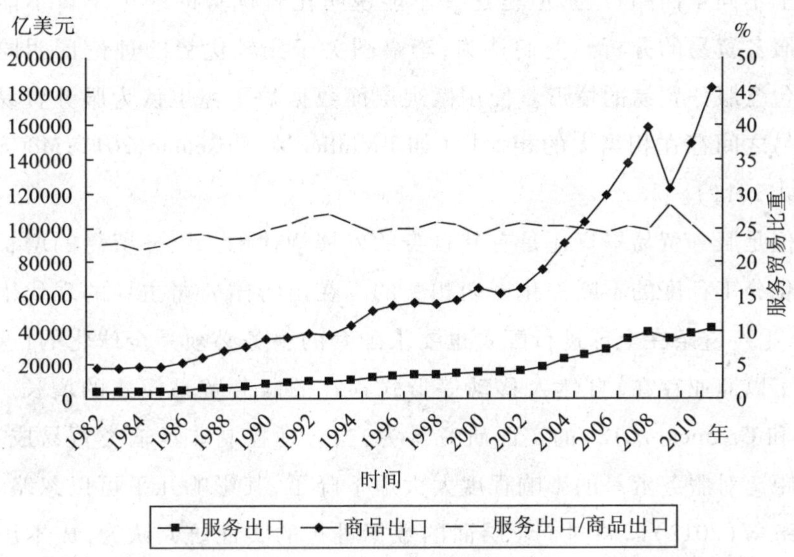

资料来源：世界银行 World Development Indicators 数据库。

图 7.1　世界服务贸易与商品贸易发展对比

本章结构安排如下：第二部分是文献综述，简要回顾了关于服务贸易影响因素的相关研究成果。第三部分描述了一个简单的理论框架。第四部分是数据处理过程介绍。第五部分是实证过程，使用 42 个国家的数据集，基于动态面板计量分析方法对影响服务贸易发展的经济因素进行了实证研究。第六部分是总结与进一步研究的建议。

7.3　文献综述

在服务贸易快速增长的过程中，有不少学者尝试将商品贸易理论应用于对服务贸易发展的解释（如 Huang 和 Viana，1995；Deardorff 等，2000；Mann，2004）。这类研究认为商品贸易理论可以在相当程度上对服务贸易现象进行解释。基于此，很多应用于商品贸易的理论判断也适用于服务贸易。Sapir 和 Lutz（1981）把旅游称为“李嘉图式服务”，因为旅游服务的比较优势严重依赖于自然禀赋。而他们的实证研究也表明传统的贸易理论可以很好地解释服务贸易模式。Hindley 和 Smith（1984）指出，虽然服务贸易在很大程度上不同于商品贸易，但是这并不能说明比较优势的理论逻辑不能被应用于服务贸易的分析。他们认为，李嘉图关于比较优势的理论证明同样适用于包含服务贸易的情形。使用微观层面数据的研究也认为服务贸易与商品贸易之间存在相当大的相似性（如 Breinlich 和 Criscuolo，2011；McCann 和 Toubal，2011）。

但是服务贸易毕竟还是有其自身的发展规律的。服务贸易的增长是与全球化分工程度的不断深化密切相关的。在由跨国公司主导的现代生产模式中，生产链条在全球进行配置也要求配套的服务必须是全球化的，这自然促进了以商业存在、自然人移动等形式存在的服务贸易模式的增长。Kandilov 和 Grennes（2012）的实证研究认为，当合理控制非运输类贸易成本后，地理距离对服务贸易的影响程度大大地下降了，其影响几乎可以忽略不计。Biewen 等（2012）以德国企业层面的数据进行的实证研究认为，成本压力会抑制企业进口服务的需求，但是金融约束没有显著的影响作用。

也有一些学者通过建立基于微观基础的模型来解释哪些因素影响服务贸易进出口，相关实证研究表明经济规模和实际汇率是服务贸易的重要决定因素（Helkie and Stekler，1987；Hung and Viana，1995；Deardorff et al.，2000）。此类研究大多以美国为研究对象，认为服务贸易的需求弹性通常是大于 1 的，而相对价格效应则比商品贸易要小。Pain 和 Van Welsum（2004）以美国分类服务贸易数据进行的实证研究指出，不同类别服务贸易出口的收入弹性和价格弹性存在较大的差异。Wren－Lewis 和 Driver（1998）使用不同的估计技术进行的实证研究发现，美国总的服务出口额的需求弹性在 1.5% ~1.95%，而相对价格弹性则在 －0.21% ~ －0.4%。Ansari 和 Ojemakinde（2003）得出的美国服务贸易出口的收入弹性和价格弹性分别是 1.37% 和 －0.42%。Huang 和 Viana（1995）以及 Deardorff 等（2000）都发现美国的旅客运输和其他旅行服务出口的收入和价格弹性都高于其他类别的服务出口。Hung 和 Viana（1995）使用美国的数据实证研究美国服务贸易盈余的影响因素。研究发现外国经济增长和美元贬值能够在很大程度上解释美国服务贸易盈余增长。但是虽然美国的 FDI（对内对外）对其他类型私人服务具有显著的正效应，但是对美国整体服务贸易盈余作用并不大。他们也认为标准的实证国际贸易时间序列模型可以被应用于服务贸易的分析。

Deardorff 等(2000)建立了一系列模型预测美国的服务贸易进出口。在预测模型中重点考虑了需求、供给以及相对价格变量。Freund 和 Weinhold (2002)以美国服务贸易数据进行的实证研究认为，贸易伙伴 10% 的互联网使用率的上升，能够使美国服务出口和进口分别上升 1.7% 和 1.1%。而人口规模和金融深化变量的作用不显著。实际汇率对美国商业服务进口具有一定程度的解释力，但是对出口的解释力不明显。Marquez(2005)实证研究了美国服务贸易出口和进口的收入和价格弹性，使用美元双边实际汇率作为价格变量。研究发现美国服务贸易出口收入弹性显著大于进口。Borchert 和 Mattoo(2010)的研究发现，在 2009 年美国金融危机爆发期间，美国服务贸易受到的负面影响要远低于商品贸易。虽然与商品贸易有关的运输服务、与危机有关的金融服务和出国旅游支出下降，但是美国的专业服务和技术服务仍然出现增长。同时，印度向美国的服务出口下降要远低于巴西和中国。笔者认为出现上述现象的原因是服务贸易的需求具有对经济周期不敏感的特征，而且服务贸易及其产出对外部融资的依赖度更低。

商品贸易的发展是与服务贸易密不可分的，许多研究证实了这一点。Head 等(2009)认为商品贸易引力模型中的许多变量对服务贸易具有类似的作用。Ceglowski(2006)强调商品贸易增长会促进服务贸易增长。Nordas (2010)甚至认为服务贸易的发展是密切跟随商品贸易的。Lennon(2008)研究了 28 个 OECD 成员国的数据，认为商品贸易和其他类型商业服务是互相促进的。Karmali 和 Sudarsan(2008)分析了商品贸易对服务贸易的影响，除了证实这一观点之外，他们还发现这种影响效应在发达国家表现得比发展中国家更加明显。Miroudot 等(2009)的分析认为 OECD 成员国的服务贸易中有 73% 是与生产过程的中间投入相关的。Choi(2010)的研究发现一国互联网使用率的上升会促进其服务贸易的增长。Breinlich 和 Criscuolo(2011)认为，英国服务贸易厂商层面的异质性表现出与商品贸易相当高的相似性。Ahmadzadch 等(2012)的研究认为人均 CDP、实际有效汇率、外国投资流入以及基础通信设施对服务出口具有显著的正面影响，而通货膨胀和制度指数减缓了服务出口的增长速度。Eichengreen 和 Cupta(2012)对印度的服务出口进行了实证研究，结论认为，经济增长、通信基础设施的发展、引入外国技术以及商品和服务出口的溢出效应是印度服务出口不断增长的主要推动因素。

目前国内学者关于服务贸易的研究，较多的是围绕服务贸易对经济增长的关系展开的，如危旭芳、郑志国（2004）与潘爱民（2006）等。也有一些学者就服务贸易的影响因素展开了有益的探索。丁平（2007）构建了一系列实证模型研究影响一国服务贸易竞争力的各种因素，分析了服务业 GDP、FDI、货物出口额、服务市场开放度与国内消费水平的影响作用。卢现祥、马凌远（2009）运用引力模型检验了发展中国家对 OECD 国家服务出口贸易流量的决定，发现中国对 OECD 国家服务出口总体上是“贸易不足”。陈虹、林留利（2009）的研究认为，服务贸易市场开放度和人力资本对美国服务贸易出口有正效应，而国内服务业发展水平和实际利用外商直接投资对美国服务贸易出口额的影响并不显著。殷凤、陈宪（2009）总结了我国服务贸易的影响因素并探讨了我国服务贸易竞争力低下的原因。庄丽娟、陈翠兰（2009）的实证分析认为我国货物贸易与服务贸易之间存在互为影响的动态关系。姚星等人（2011）的研究表明货物贸易和服务贸易之间长期内具有替代关系。王恕立、刘军（2011）指出，国内外学者对 FDI 流入在服务贸易国际竞争力方面的影响效应得出的研究结论是截然相反的，而他们的研究认为 FDI 流入不会提高一国服务贸易国际竞争力。孙秀丽、隋广军（2015）对比分析了2000 年以来中欧服务贸易行业优势及其变动情况。

现有研究已经对服务贸易影响因素进行了有益的探索，但是量化研究服务贸易需求及价格弹性的文献主要以美国作为研究对象。总体来看，在以下方面仍有进一步探索的空间。第一，现有研究较少考虑汇率对服务贸易进出口影响程度的讨论。第二，使用跨国面板数据动态分析方法进行实证研究的文献尚不多见。本书研究尝试对这两个方面进行弥补。

7.4 理论框架描述

此处本书使用一个简单框架描述服务贸易变动的主要影响因素分析。在一个开放经济两国模型框架下，假设一国消费者消费四种商品：本国商品（Gd），本国服务（Sd），外国服务（Sf），外国货物（Gf）。该国具有这四种类型商品的 CES 效用函数

$$u(S_d,G_d,S_f,G_f) = [\phi_{S_d}S_d^{\frac{\sigma-1}{\sigma}} + \phi_{G_d}^{1/\sigma}G_d^{\frac{\sigma-1}{\sigma}} + \phi_{S_f}^{1/\sigma}S_f^{\frac{\sigma-1}{\sigma}} + (1-\phi_{S_d}-\phi_{G_d}-\phi_{S_f})G_d^{\frac{\sigma-1}{\sigma}}]^{\frac{\sigma}{1-\sigma}} \tag{7.1}$$

其中，σ 是替代弹性，ϕ 代表相应商品类别的消费偏好参数。

总消费支出可描述为

$$P_{S_d}S_d + P_{G_d}G_d + E_rP_{S_f}^*S_f + E_rP_{G_f}^*G_f = P_DC_D \tag{7.2}$$

$P_i, i = (S_d,G_d,S_f,G_f)$ 为相应商品（服务）的当地价格，带星号变量表明是国外价格。P_D 是总价格，C_D 是总消费，E_r 是汇率，代表每单位外币的本币价格。

在式(7.2)约束条件下，最大化式(7.1)可得一阶必要条件为

$$S_d = \phi_{S_d}\left(\frac{P_{S_d}}{P_D}\right)^{-\sigma}C_D\ ,\ G_d = \phi_{G_d}\left(\frac{P_{G_d}}{P_D}\right)^{-\sigma}C_D \tag{7.3}$$

$$S_f = \phi_{S_f}\left(\frac{E_rP_{S_f}^*}{P_D}\right)^{-\sigma}C_D\ ,\ G_f = (1-\phi_{S_d}-\phi_{G_d}-\phi_{S_f})\left(\frac{E_rP_{G_f}^*}{P_D}\right)^{-\sigma}C_D \tag{7.4}$$

总价格水平计算式为

$$P_D = [\phi_{sd}P_{s_d}^{\ 1-\sigma} + \phi_{Gd}P_{G_d}^{\ 1-\sigma} + \phi_{Sf}E_rP_{S_f}^{*\ 1-\sigma} + (1-\phi_{s_d}-\phi_{G_d}-\phi_{S_f})E_rP_{G_f}^{*\ 1-\sigma}]^{\frac{1}{1-\sigma}} \tag{7.5}$$

由于假定世界上只有两个国家，而本国是贸易小国，因此，世界其他国家的服务供给可看作无弹性。对式(7.3)和式(7.4)中的表达式进行简单合并后可得如下关于服务贸易进口的相关公式：

$$S_f = \frac{\phi_{S_f}}{(1-\phi_{S_d}-\phi_{G_d}-\phi_{S_f})}\left(\frac{P_{G_f}^*}{P_{S_f}^*}\right)^{\sigma}G_f\ ,\ S_f = \frac{\phi_{S_f}}{\phi_{S_d}}\left(\frac{E_rP_{S_f}^*}{P_{S_d}}\right)^{-\sigma}S_d \tag{7.6}$$

式(7.4)和式(7.6)表明，一国服务贸易的进口需求与该国总体消费水平、商品贸易量、相对价格、汇率水平以及国内服务行业发展水平有关。

基于以上分析，在研究影响服务贸易出口的因素时，本书将着重考虑一国经济发展状况、汇率变动、贸易发展以及世界需求水平；在研究影响服务贸易进口的因素时，着重考虑表示一国需求状况、汇率变动以及贸易发展水平的变量。

7.5 数据描述与处理

7.5.1 数据来源与处理

考虑到数据可得性与实证研究时的需要,本部分使用世界 42 个国家 1982—2011 年的面板数据进行实证研究。考虑到发达国家和发展中国家可能有所区别,因此在实证研究时还分别将这 42 个国家分为两组进行了实证研究,分别是主要发达国家组和其他国家组,其他国家组主要包括了发展中国家和新兴经济体国家。[①] 实证研究模型包含如下变量:

1. 服务贸易进出口

因为影响进口和出口的因素不同,因而本书实证研究时将服务贸易进出口分别进行考虑。实证研究使用的服务贸易进出口数据来源于 IMF 统计数据库各国国际收支平衡表中的统计数据。虽然与 GATS 的服务贸易分类相比,国际收支平衡表中的数据可能不甚全面,但是这是目前最为接近的总体服务贸易进出口数据。由于各国服务贸易进口和出口数据都是以美元为统计单位,因此使用美国价格指数进行处理得到实际数据序列,换算成定基指数序列后取自然对数,分别将服务贸易进口和出口表示为 svii 和 svei。

2. 各国 GDP 序列

可以预期,随着一国经济不断增长,其服务贸易进出口也会不断增加。因此在实证研究时选取各国不变价格的 GDP 指数作为实际 GDP 的替代变量,取自然对数处理,表示为 y。

3. 汇率

服务进出口也需要国际支付结算,因此,在实证研究时也考虑了汇率变量。数据来源为 IMF 统计数据库中的实际有效汇率指数,取自然对数处理表示为 ex。

① 本部分考虑发达国家组包括:澳大利亚,奥地利,比利时,加拿大,丹麦,芬兰,法国,德国,希腊,匈牙利,冰岛,爱尔兰,以色列,意大利,日本,墨西哥,荷兰,新西兰,挪威,波兰,葡萄牙,西班牙,瑞典,瑞士,土耳其,英国,美国,共计 27 个。发展中国家和新兴经济体国家组包括:巴西,中国,哥伦比亚,印度,印度尼西亚,韩国,马来西亚,巴基斯坦,巴拉圭,菲律宾,罗马尼亚,沙特阿拉伯,新加坡,南非,突尼斯,共计 15 个。

4. 对外贸易总额

现有文献中有不少都指出服务贸易进出口是与一国货物贸易量密切相关的(Ceglowski,2006;Lennon,2008;Miroudot et al. ,2009)。Nordas(2010)甚至认为服务贸易的发展是密切跟随商品贸易的。从商品贸易发展过程来看,货物贸易发展能够为服务贸易提供有效需求,因而,在实证研究时还考虑了一国的贸易总额变化对服务贸易进出口的影响效应。货物贸易进出口数据来源于IMF统计数据库各国国际收支平衡表中的统计数据。计算得到一国货物贸易总额后,使用美国定期价格指数序列得到实际值,并换算成定基指数序列,取自然对数处理,实证研究时表示为ati。

为直观显示服务贸易和货物贸易之间的关系,图7.1和图7.2显示了1982—2011年各国服务贸易进出口年度增长率与商品贸易年度增长率之间的关系。显然,服务贸易进出口和商品贸易之间存在一定程度的正相关关系。就服务贸易出口而言,发展中国家和新兴经济体中的中国、印度和印度尼西亚的年平均增长率都在10%以上,而发达国家组中的爱尔兰和匈牙利服务贸易出口增长率超过了10%。在发展中国家和新兴经济体中,中国和印度服务贸易进口增长率最高,而发达国家组中仍然是爱尔兰和匈牙利服务贸易进口增长率最高。

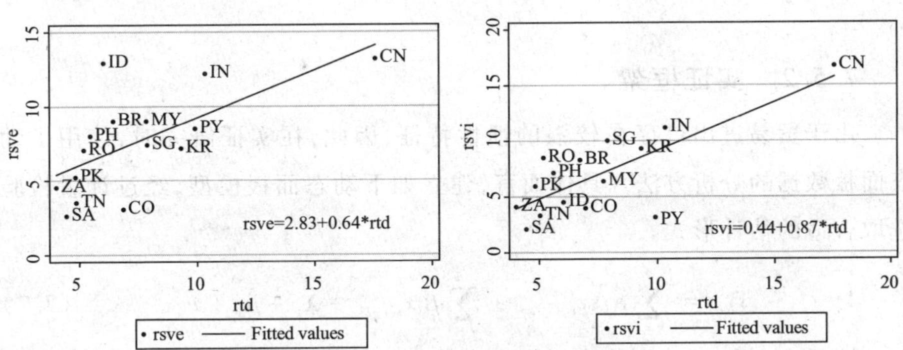

注:rsve代表服务贸易出口增长率,rsvi代表服务贸易进口增长率,rtd代表商品贸易总额增长率。

图7.2 发展中国家和新兴经济体服务贸易进出口与商品贸易发展

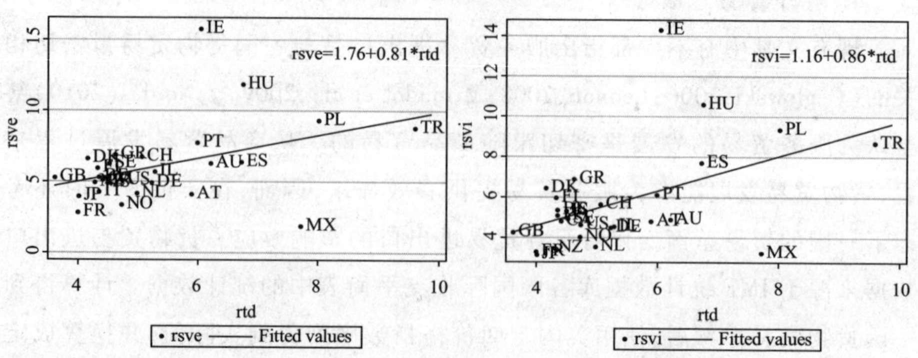

图 7.3 发达国家组服务贸易进出口与商品贸易发展图示

注：rsve 代表服务贸易出口增长率，rsvi 代表服务贸易进口增长率，rtd 代表商品贸易总额增长率。

显然，服务贸易和货物贸易之间存在一定的影响关系。为简化分析，本书将货物贸易总额作为影响服务贸易发展的因素之一，加入实证模型进行分析。

5. 世界 GDP 序列

在研究服务贸易需求时，使用世界 GDP 定基指数序列代表世界需求状况。数据来源于 IMF 的 IFS 统计数据库。在实证研究时取自然对数，表示为 wy。

7.5.2 实证框架

由于贸易进出口存在较强的惯性特征，因此，在实证研究时，使用了动态面板数据的分析方法。具体而言，建立如下动态面板模型，经过计量检验选取合适的估计形式。

$$sy_{it} = \sum_{k=1}^{p} \alpha_k sy_{i(t-k)} + \sum_{l=1}^{q} \beta_l x_{i(t-l)} + \lambda_t + \mu_i + \nu_{it} \tag{7.7}$$

这里，λ_t 和 μ_i 分别代表时间和个体效应。x_{it} 是解释变量向量，p 和 q 是最大的滞后时期数。

在研究中，变量序列 sy 分别取 svei 与 svii。解释变量向量包括各国实际收入 y、汇率水平 ex、各国外贸总额 ati，在研究服务贸易出口影响因素时还包括反映世界需求状况的指标 wy。

7.6 实证分析

7.6.1 变量平稳性检验与协整检验

在使用动态面板 GMM 方法对模型进行估计之前,先对模型进行必要的变量平稳性检验与协整检验。

1. 面板单位根检验

由于面板数据自身的复杂性,它结合了时间序列和横截面数据的特性,因此其构成变量的单位根检验也与单变量时间序列有所不同。为得到比较全面真实的结果,我们对以上变量同时进行 LLC、Breitung、IPS、Fisher - ADF 检验和 Fisher - PP 检验。使用包含截矩项和时间趋势项的检验方程对各变量水平值进行检验,用只包含截距项的检验方程对一阶差分序列值进行面板单位根检验(Breitung 方法除外),得到结果如下。

检验结果表明,各变量水平值都不能完全排除无单位根假设,但相应的一阶差分可以确定排除存在单位根假设。

2. 协整检验

在得出面板数据各变量均为一阶单整的序列后,我们可以使用面板协整方法来研究面板数据的协整关系。面板数据的协整检验方法可以分为两大类,一类是建立在 Engle 和 Granger 两步法检验基础上的面板协整检验,具体主要有 Pedroni 检验和 Kao 检验;另一类是建立在 Johansen 协整检验基础上的面板协整检验。其中,Pedroni 检验假定截面个体之间是相互独立的,其通过四个面板统计量检验同质面板数据的协整关系,构造三个组统计量检验异质面板数据的协整关系。Kao 检验与 Pedroni 检验遵循相同的基本方法。Johansen 面板协整检验是通过联合单个截面个体协整检验的结果获得相应面板数据的检验统计量。

由于 Panel rho 和 Group rho 统计量倾向于拒绝协整关系,因此,综合考虑三种协整检验的结果,可以认为各变量序列间存在协整关系。

表 7.1 面板单位根检验结果

变量		LLC		Breitung		IPS		Fisher－ADF		Fisher－PP	
		统计量	P－值	统计量	P－值	统计量	P－值	统计量	P－值	统计量	P－值
全样本（42 国）	svei	－2.5542	0.0053	－3.4141	0.0003	－2.61911	0.0044	111.927	0.0225	85.5712	0.4318
	dsvei	－24.886	0			－23.7012	0	626.007	0	714.317	0
	svii	－0.4079	0.3417	－2.0281	0.0213	－1.67072	0.0474	101.565	0.0932	69.7768	0.8674
	dsvii	－22.408	0			－21.3741	0	555.121	0	598.393	0
	y	0.9704	0.8341	3.5901	0.9998	1.41261	0.9211	73.4739	0.7872	48.397	0.9994
	dy	－18.180	0			－16.4315	0	421.834	0	421.645	0
	ex	－4.3938	0	0.7131	0.7621	－3.00125	0.0013	139.178	0.0001	70.6407	0.8506
	dex	－20.718	0			－20.8041	0	536.708	0	562.184	0
	ati	－2.4606	0.0069	0.9970	0.8406	－1.1152	0.1324	99.5095	0.1189	83.0079	0.5101
	dati	－27.309	0			－24.3112	0	635.611	0	734.185	0
	wy	－3.9277	0	－11.214	0	－13.1786	0	312.13	0	34.6344	1
	dwy	－30.802	0			－24.9485	0	652.914	0	735.956	0
发达国家（27 国）	svei	－1.6203	0.0526	－4.3956	0	－1.5383	0.062	63.6751	0.1726	43.4405	0.8475
	dsvei	－20.994	0			－19.5596	0	410.431	0	460.364	0
	svii	0.6443	0.7403	－2.713	0.0033	－0.94594	0.1721	61.3361	0.2297	41.101	0.9017
	dsvii	－18.518	0			－18.0396	0	375.64	0	398.51	0
	y	1.1237	0.8694	3.4235	0.9997	1.21169	0.8872	42.5394	0.8701	20.4425	1
	dy	－13.434	0			－11.8934	0	245.094	0	254.052	0

续表

变量		LLC		Breitung		IPS		Fisher - ADF		Fisher - PP	
		统计量	P-值	统计量	P-值	统计量	P-值	统计量	P-值	统计量	P-值
发达国家（27国）	ex	-2.5740	0.005	-1.3140	0.0944	-2.53068	0.0057	83.8335	0.0057	54.1101	0.4702
	dex	-16.084	0			-16.8039	0	349.251	0	373.213	0
	ati	-3.9020	0	-2.2192	0.0132	-2.60598	0.0046	81.6301	0.009	64.2057	0.1612
	dati	-23.172	0			-20.4869	0	432.081	0	519.734	0
	wy	-3.1492	0.0008	-8.9892	0	-10.5664	0	200.655	0	22.265	1
	dwy	-24.697	0			-20.0033	0	419.731	0	473.114	0
发展中国家和新兴经济体（15国）	svei	-2.0106	0.0222	-0.4064	0.3422	-2.32305	0.0101	48.2518	0.0187	42.1308	0.0697
	dsvei	-13.535	0			-13.4231	0	215.576	0	253.953	0
	svii	-1.3448	0.0893	-0.1667	0.4338	-1.52515	0.0636	40.2288	0.1005	28.6758	0.5347
	dsvii	-12.662	0			-11.5679	0	179.481	0	199.883	0
	y	0.1737	0.569	1.5388	0.9381	0.73848	0.7699	30.9345	0.4186	27.9545	0.5728
	dy	-12.488	0			-11.5326	0	176.741	0	167.593	0
	ex	-3.6618	0.0001	1.9399	0.9738	-1.62621	0.052	55.3444	0.0032	16.5306	0.9778
	dex	-13.061	0			-12.2656	0	187.457	0	188.971	0
	ati	0.6438	0.7401	2.8982	0.9981	1.65037	0.9506	17.8794	0.9605	18.8022	0.9441
	dati	-14.623	0			-13.1911	0	203.531	0	214.451	0
	wy	-2.3473	0.0095	-6.6962	0	-7.87573	0	111.475	0	12.3694	0.9981
	dwy	-18.408	0			-14.9096	0	233.184	0	262.841	0

注：计量软件为 Eviews 6.0。检验时的滞后期使用系统中的 Schwarz 法则自动选择，最长滞后期为 4。dx 表示变量 x 的差分序列。

表 7.2 各样本组变量向量序列协整检验结果

	出口变量序列						进口变量序列					
	Pedroni 统计量		P-值	Kao 检验			Pedroni 统计量		P-值	Kao 检验		
全样本	Panel v	2.37838	0.0087		t-统计量	P-值	Panel v	1.429132	0.0765		t-统计量	P-值
	Panel rho	-0.50663	0.3062	ADF	-2.563258	0.0052	Panel rho	0.086546	0.5345	ADF	-6.34226	0
	Panel PP	-4.38786	0	Johansen 检验			Panel PP	-2.73604	0.0031	Johansen 检验		
	Panel ADF	-4.11375	0	原假设	Fisher	P-值	Panel ADF	-3.14353	0.0008	原假设	Fisher	P-值
	Group rho	2.032061	0.9789	无协整	331.6	0	Group rho	1.786448	0.963	无协整	241.2	0
	Group PP	-3.00324	0.0013	至多 1 个	146	0	Group PP	-2.04591	0.0204	至多 1 个	111.4	0.0243
	Group ADF	-3.7449	0.0001	至多 2 个	84.75	0.4566	Group ADF	-2.57225	0.0051	至多 2 个	87.35	0.3798
发达国家	Pedroni 检验统计量		P-值	Kao 检验			Pedroni 检验统计量		P-值	Kao 检验		
	Panel v	1.020822	0.1537		t-统计量	P-值	Panel v	-0.63025	0.7357		t-统计量	P-值
	Panel rho	0.270014	0.6064	ADF	-1.893961	0.0291	Panel rho	0.475398	0.6827	ADF	-4.36471	0
	Panel PP	-2.38017	0.0087	Johansen 检验			Panel PP	-1.46439	0.0715	Johansen 检验		
	Panel ADF	-2.54754	0.0054	原假设	Fisher 统计量	P-值	Panel ADF	-1.81021	0.0351	原假设	Fisher 统计量	P-值
	Group rho	2.403115	0.9919	无协整	213	0	Group rho	1.763634	0.9611	无协整	123.6	0
	Group PP	-0.90076	0.1839	至多 1 个	89.84	0.0016	Group PP	-1.02727	0.1521	至多 1 个	80.54	0.0111
	Group ADF	-1.46836	0.071	至多 2 个	47.8	0.7111	Group ADF	-1.62578	0.052	至多 2 个	42.77	0.8645

续表

	出口变量序列						进口变量序列					
	组间统计量		P-值	Kao 检验			Pedroni 检验统计量		P-值	Kao 检验		
发展中国家和新兴经济体国家	Panel v	1.81181	0.035		t-统计量	P-值	Panel v	1.560948	0.0593		t-统计量	P-值
	Panel rho	-0.48392	0.3142	ADF	-1.918495	0.0275	Panel rho	-0.93872	0.1739	ADF	-3.87205	0.0001
	Panel PP	-3.19233	0.0007	Johansen 检验			Panel PP	-2.68171	0.0037	Johansen 检验		
	Panel ADF	-2.69972	0.0035	原假设	Fisher 统计量	P-值	Panel ADF	-2.65403	0.004	原假设	Fisher 统计量	P-值
	Group rho	0.487361	0.687	无协整	118.6	0	Group rho	0.324345	0.6272	无协整	94.27	0
	Group PP	-3.63889	0.0001	至多1个	56.2	0.0026	Group PP	-2.46747	0.0068	至多1个	45.76	0.0327
	Group ADF	-4.00542	0	至多2个	36.95	0.1785	Group ADF	-2.62894	0.0043	至多2个	40.79	0.0904

注：协整检验方程包括截距项，SIC 准则确定的最大滞后阶数为 4。Johansen Fisher 检验给出的是最大特征根检验的结果。

7.6.2 动态面板模型估计 GMM

由于本书建立的面板模型中包含了各变量的滞后变量，而这也是符合贸易经济理论要求的，因此，在实证估计时，需要采用动态面板 GMM 估计方法。GMM 是基于模型参数的一些矩条件而产生的一种模型参数估计方法，仅需要知道一些矩条件，可以有效避免模型中可能存在的异方差和自相关的干扰。通过在每一期使用不同数量的工具变量，GMM 方法就可以得到动态面板模型的有效估计量。GMM 方法较早是由 Hansen（1982）引入面板模型的，目前在动态面板分析方法中已经得到广泛应用。

本书在实证研究过程中对式（7.7）进行计量分析，考虑到稳健性检验和对比分析的需要，在实证计量过程中同时给出模型的系统 GMM 和差分 GMM 两种方式的估计结果，选取变量的滞后一期进行实证研究。

1. 全样本数据序列估计结果

表 7.3 全样本数据估计结果

服务贸易出口序列			服务贸易进口序列		
	系统 GMM	差分 GMM		系统 GMM	差分 GMM
C			C	-0.3880886	
				0.095441 ***	
svei(-1)	0.8410902	0.8753377	svii(-1)	0.9111727	0.8975726
	0.0279828 ***	0.0159068 ***		0.0091434 ***	0.0122765 ***
y	0.2426443	0.4667008	y	0.4610915	0.4261569
	0.1351118 *	0.1705043 ***		0.1096953 ***	0.1242159 ***
y(-1)	-0.1694132	-0.2744779	y(-1)	-0.363932	-0.3189736
	0.1414474	0.1694538		0.1049232 ***	0.120293 ***
ex	0.148246	0.109018	ex	0.2514537	0.2510375
	0.0522566 ***	0.040323 ***		0.0322372 ***	0.0328089 ***
ex(-1)	-0.161479	-0.1083923	ex(-1)	-0.2049824	-0.1943186
	0.0459439 ***	0.0369391 ***		0.0307315 ***	0.0316314 ***
ati	0.5199197	0.5213766	ati	0.5567788	0.5581564
	0.0628111 ***	0.043104 ***		0.0287174 ***	0.0292849 ***
ati(-1)	-0.4353016	-0.5280394	ati(-1)	-0.5251377	-0.5153795
	0.0700749 ***	0.0434292 ***		0.0281071 ***	0.0294741 ***

续表

服务贸易出口序列			服务贸易进口序列		
	系统 GMM	差分 GMM		系统 GMM	差分 GMM
wy	-0.4271181	-0.4776521			
	0.3952079	0.3539542			
wy(-1)	0.4461379	0.5103857			
	0.371706	0.3511095			
AB(1)	0	0		0	0
AB(2)	0.667	0.647		0.698	0.356
Sargan	0.859	0.069		0.176	0.088
N	1176	1176		1218	1176
Groups	42	42		42	42

注：AB(1)是 Arellano - Bond AR(1)检验，AB(2)是 Arellano - Bond AR(2)检验，Sargan 为 Sargan 过度限制检验。N 代表观察值数量，Groups 是组数。*，**，***分别表示显著性水平为 10%，5%，1%。下同。

由表 7.3 结果可以看到，世界各国的服务供给水平以及商品贸易发展是影响服务贸易出口的主要因素，这些变量回归系数较大，而且在统计上也较为显著。此外，回归结果表明服务贸易出口具有较强的惯性特征，滞后一期变量的系数较大且统计显著。基于系统 GMM 方法的估计结果还表明，滞后一期的汇率水平对服务贸易出口具有显著的影响效果，汇率上升 1 个百分点对当期服务出口具有正效应，但会使下一期服务贸易出口下降 1.6 个百分点，汇率对服务贸易出口的综合效应为负。由于这里的汇率指数上升代表该国货币升值，因而回归结果表明汇率升值对服务贸易出口具有负面影响，而且这种影响存在一年左右的滞后效应。商品贸易增长 1 个百分点虽会使当期服务贸易出口上升 0.52 个百分点，但却使下期服务贸易出口下降 0.44 个百分点，其综合影响效应为正，说明商品贸易对服务贸易出口具有一定的促进作用。然而，虽然世界需求变化的综合影响效应为正，但是估计的系数在统计上并不显著。这可能是由于在较短时间内，世界服务贸易的需求变化并不能显著影响一国(地区)的服务贸易供给水平。因为服务贸易不像商品贸易，能够在较短的时期内通过组织生产增加供给来应对需求的暂时性变化。服务贸易的供给对一国整体服务水平的发展程度依赖度较高，而这些因素较难在短时期内得到有效改变。因此,一国服务贸易出口供给主要与其经济发展水平及供给能力有关。

从服务贸易进口变量序列的系统 GMM 回归结果来看,影响一国(地区)服务贸易进口的主要因素是当期需求增长以及商品贸易发展,而服务贸易进口也存在较为显著的惯性特征,滞后一期的服务贸易变量系数较大且统计水平非常显著。回归结果表明,一国(地区)货币升值 1% 会促使当期服务贸易进口增长 0.25 个百分点,同时降低下一期进口 0.2 个百分点,综合影响为正。商品贸易增加 1 个百分点会使当期服务贸易进口增长 0.56 个百分点,但会造成下期服务贸易进口下降 0.53 个百分点,综合效应也为正。从影响模式上可以看到,需求水平、汇率变化以及商品贸易发展都对当期服务贸易进口产生了正面影响,但是对下一期进口产生负面影响。

2. 使用发达国家组数据的估计结果

表 7.4 发达国家回归结果

服务贸易出口序列			服务贸易进口序列		
变量	系统 GMM	差分 GMM		系统 GMM	差分 GMM
C			C	-0.253521	
				0.1087758 **	
svei(-1)	0.9243101	0.9302873	svii(-1)	0.9045592	0.9130762
	0.0095403 ***	0.0138671 ***		0.0103068 ***	0.0131017 ***
y	0.1940687	0.1235352	y	0.3344377	0.3276818
	0.1390988	0.1460983		0.1178555 ***	0.1223411 ***
y(-1)	-0.0875874	0.0566238	y(-1)	-0.2451085	-0.2234563
	0.1360403	0.1470079		0.1137263 **	0.1203264 *
ex	0.062966	0.0486556	ex	0.3590233	0.3555686
	0.0428374	0.0446375		0.0390407 ***	0.0398526 ***
ex(-1)	-0.1117792	-0.123909	ex(-1)	-0.3327292	-0.331304
	0.0426463 ***	0.0444895 ***		0.0387164 ***	0.0393901 ***
ati	0.6241112	0.6356256	ati	0.5144282	0.5306789
	0.0397234 ***	0.0412452 ***		0.0302431 ***	0.0305366 ***
ati(-1)	-0.6057719	-0.6293499	ati(-1)	-0.4764471	-0.5002832
	0.0401787 ***	0.0420424 ***		0.0301633 ***	0.031701 ***

续表

	服务贸易出口序列		服务贸易进口序列	
变量	系统 GMM	差分 GMM	系统 GMM	差分 GMM
wy	-0.7752231	-0.7777351		
	0.3382785 **	0.3420086 **		
wy(-1)	0.7836653	0.7394177		
	0.3349628 **	0.3392791 **		
AB(1)	0	0	0	0
AB(2)	0.507	0.458	0.770	0.726
Sargan	0.248	0.154	0.617	0.093
N	783	756	756	756
Groups	27	27	27	27

使用发达国家组进行的回归结果表明，服务贸易出口的惯性特征表现得更加明显，其系数估计值明显大于全样本回归的系数结果。虽然经济增长水平对服务贸易出口具有与理论预期相符的结果，但是回归系数的统计性质并不显著。汇率变动对当期服务贸易出口的影响在统计上也是不显著的，但是前期汇率升值对本期服务贸易出口具有负面影响，其回归系数在统计上也是显著的。前期汇率升值1%，会使本期服务贸易出口下降0.11%。此外，商品贸易发展对当期服务贸易出口仍然具有显著的正面影响，虽对下期服务贸易出口的影响是负面的，但是综合影响为正。世界经济增长水平对服务贸易出口的影响模式与全样本回归结果类似，其系数的显著性水平有所提高。世界需求上升对当期服务贸易出口是负面影响，但是对下期出口具有正面影响，综合效应仍然为正。

由发达国家服务贸易进口的系统 GMM 回归结果可知，当期经济增长水平对服务贸易进口具有显著的正面影响，虽然前期经济增长对本期服务贸易进口产生了阻碍作用，但是其影响程度远低于本期经济增长的正效应。本币升值和商品贸易发展也对本期服务贸易进口产生了正效应。虽然这些变量的前期影响都是负的，但是综合影响效应仍然为正。

3. 使用发展中国家和新兴经济体国家数据的估计结果

表 7.5 发展中国家和新兴经济体国家回归结果

服务贸易出口序列			服务贸易进口序列		
变量	系统 GMM	差分 GMM		系统 GMM	差分 GMM
C	-1.183499		C	-0.5514037	
	0.2219408 ***			0.1929338 ***	
svei(-1)	0.7946936	0.8338501	svii(-1)	0.9030309	0.8755697
	0.0190277 ***	0.0288305 ***		0.0180757 ***	0.023805 ***
y	0.6179396	1.082802	y	0.7058547	0.6429243
	0.2826732 **	0.3098429 ***		0.2139279 ***	0.237433 ***
y(-1)	-0.3908427	-0.8544021	y(-1)	-0.5749214	-0.5154506
	0.2609441	0.3000444 ***		0.2036474 ***	0.2267032 **
ex	0.2288416	0.1933723	ex	0.1777856	0.1870968
	0.0657031 ***	0.0658632 ***		0.053485 ***	0.0526069
ex(-1)	-0.1093046	-0.1027876	ex(-1)	-0.1147666	-0.1080988
	0.0605264 *	0.0616819 *		0.0506527 **	0.0514223 **
ati	0.3315154	0.3198043	ati	0.5490123	0.5608342
	0.0823447 ***	0.0821862 ***		0.0555418 ***	0.056368 ***
ati(-1)	-0.2869507	-0.3071998	ati(-1)	-0.5265709	-0.5027079
	0.0782743 ***	0.0798146 ***		0.0533479 ***	0.0553598 ***
wy	0.7460608	0.5031708			
	0.755198	0.7200977			
wy(-1)	-0.6769856	-0.4558684			
	0.7392778	0.7087848			
AB(1)	0	0		0	0
AB(2)	0.776	0.954		0.491	0.513
Sargan	0.260	0.446		0.530	0.369
N	420	420		420	420
Groups	15	15		15	15

此处使用差分 GMM 回归结果对发展中国家和新兴经济体国家组服务贸易出口的影响因素进行分析。回归结果表明,服务贸易出口惯性特征明显。而经济增长水平对服务贸易出口具有较为明显的促进作用,因为其回

归系数明显高于全样本组和发达国家组,经济增长上升 1%,会使当期服务贸易出口增加 1.08 上百分点,使下期出口降低 0.85 个百分点,综合效应为正,这说明发展中国家和新兴经济体国家的增长对服务贸易出口具有显著的影响作用。汇率升值对当期服务贸易出口产生了正面影响,但是对下期服务贸易出口具有负效应。回归结果再次表明商品贸易增长对同期服务贸易出口具有正面影响,虽然对下期服务贸易出口产生了抑制作用,但综合影响效应仍然为正。世界需求变量的两期估计结果在统计上都不显著。

对于发展中国家和新兴经济体国家组而言,服务贸易进口受同期经济增长水平和商品贸易发展的正面影响。需求上升 1% 使当期服务贸易进口上升 0.70%,虽然前期经济增长的回归系数为负,但是综合影响效应仍然为正。商品贸易增长 1% 会使当期服务贸易进口上升 0.55%,使下期进口下降 0.53%,综合效应为正。汇率升值有助于促进服务贸易进口增长,其当期弹性大约为 0.18。

7.6.3 各变量长期影响效应分析

为分析各变量之间的长期影响效应,本部分使用 GMM 估计结果按照下式计算各变量之间的长期影响效应。考虑式(7.7)中的各回归系数结果,将各变量间长期影响效应定义为

$$le_{lk} = \frac{\sum_{l=1}^{q} \beta_l}{1 - \sum_{k=1}^{p} \alpha_k} \tag{7.8}$$

对表 7.3 至表 7.5 中估计的系数进行相应计算可以得出各变量对服务贸易进出口的长期影响效应。

表 7.6 长期影响效应系数

	全样本		发达国家		发展中国家和新兴经济体国家	
	svei	svii	svei	svii	svei	svii
y	0.460834	1.093802	1.40681	0.935964	1.374662	1.350258
ex	-0.08327	0.523165	-0.64491	0.275502	0.545199	0.649887
ati	0.532491	0.356209	0.242295	0.397955	0.075862	0.231428
wy	0.119689		0.111537		0.284697	

注:非 OECD 国家服务贸易出口使用的是差分 GMM 回归结果,其他变量计算时均使用系统 GMM 回归结果。

从各变量之间的长期影响效应来看，一国经济增长对服务贸易进出口都产生了促进效应。相对而言，主要发达国家经济增长对其服务贸易出口的长期促进作用高于其他国家，但是发展中国家和新兴经济体国家服务贸易进口需求的收入弹性要远高于发达国家。汇率升值对发达国家服务贸易出口产生较为明显的负效应，但是对其他国家组服务贸易出口影响效应为正。这可能是由于其他国家组的国家经济差异较大，该国家组中既有发展中国家，又有新兴经济体国家，其服务贸易发展水平参差不齐，因而代表相对价格的汇率波动产生的影响效应为正。比如中国和印度，中国有强大的商品贸易支撑服务贸易发展，而印度的信息产业一直具有较强的竞争力。因而，对汇率变量的分析可能需要对国家组进行更加细致的划分。

除此之外，汇率对所有样本国家组的服务贸易进口都具有与理论预期相符的结果，就其大小程度而言，汇率变量对发展中国家和新兴经济体国家服务贸易进口的影响要远远高于发达国家组。商品贸易发展对服务贸易进出口都产生了正向影响，但是相比较而言，商品贸易发展对发展中国家和新兴经济体国家的服务贸易进出口的影响程度都比较低。其中，服务贸易进口对商品贸易发展的长期弹性只有 0.08，服务贸易出口的长期弹性也远低于发达国家组。这说明对于广大发展中国家而言，商品贸易没有成为有效推动服务贸易发展的促进因素，服务贸易发展更多地受到本国经济增长以及世界需求等因素的影响。

经过比较分析可以看出，收入效应是影响服务贸易进出口的主要因素，因其长期影响系数在四个变量中是最高的。而汇率波动对不同类国家组服务贸易进出口的影响存在明显差异。商品贸易对发达国家服务贸易进出口产生了比发展国家更加显著的推动作用。此外，从回归系数对比来看，世界需求不是影响服务贸易出口的主要因素。

7.7 本章结论与进一步研究的建议

基于以上研究，我们可以得到如下结论与启示。

1. 服务贸易进出口都表现出较为明显的惯性作用

实证研究结果表明，滞后一期的服务贸易进出口变量回归系数在统计上都比较显著。这表明服务贸易增长存在较强的惯性特征。而世界经济发展状况对服务贸易出口的影响不显著。这也能够在一定程度上解释为什么在 2008 年美国金融危机爆发之后,包括美国在内的世界大多数国家服务贸易的发展没有受到明显冲击。因此,服务贸易发展程度主要与一国经济发展状况以及服务业本身发展状况有关。

2. 货物贸易发展对服务贸易具有重要促进作用

研究发现,货物贸易发展对服务贸易进出口产生了重要的推动作用。然而,对于广大发展中国家和新兴经济体国家而言,商品贸易发展对服务贸易出口的促进程度比较低,远低于其对发达国家服务贸易出口的影响程度。就我国自身情况而言,目前我国已经是世界第一大货物贸易出口国,但是服务贸易比重远低于世界平均水平,服务贸易发展水平与货物贸易严重不对等。这也间接反映了我国整体服务业发展水平仍然滞后。因而我国在经济发展方式转变时,应该结合服务业发展,大力提升服务贸易发展水平,切实发挥货物贸易对服务贸易发展的推动作用。

3. 汇率波动对服务贸易发展具有一定影响,但是作用不大

基于各样本组数据序列的回归结果显示,汇率对所有样本国家组的服务贸易进口都具有与理论预期相符的结果,就其大小程度而言,汇率变量对发展中国家和新兴经济体国家服务贸易进口的影响要远远高于主要发达国家。此外,研究结果也显示,汇率波动对发展中国家和新兴经济体国家组服务贸易出口的影响与理论预期不符。这一方面可能是由于实证分析使用了基于宏观总体层面的数据,而服务贸易行业差异比较大,且发展中国家经济现实存在较大差异,因而使汇率对服务贸易出口的影响出现与理论预期不符的结果;另一方面也是由于该组国家本身的服务业发展竞争力差异较大所致。因而,使用更加细分层面的数据并对相似国家进行分组将是未来研究的重要方向。

4. 各变量对不同国家组服务贸易进出口的长期影响存在明显差异

对各变量长期影响效应的对比分析可以看出,收入效应是影响服务贸易进出口的主要因素。而汇率波动对不同类国家组服务贸易进出口的影响存在明显差异。商品贸易对发达国家服务贸易进出口产生了比发展国家更加显著的推动作用。

本部分在实证研究过程中发现，关于服务贸易影响因素的相关理论及实证研究仍有待深入。未来的研究可从以下几个方面加以改进。由于本书使用的是整体服务贸易进出口数据进行的研究，而不同类型的服务存在较大程度的差别，因而，使用更加细分层面的数据进行更加细致的分析是将来研究工作的重要内容。此外，受数据可得性限制，本研究并未考虑服务贸易壁垒以及各种服务贸易成本因素对服务贸易发展的影响，这也是将来研究可以发展的一个重要方向。

第八章 基于贝叶斯平均分类回归模型的汇率波动预测方法及其比较

CHAPTER 8

8.1 引 言[①]

资产价格及收益率预测是经济学研究中的一个重要内容。自从浮动汇率体系建立以来,汇率的波动成为国际宏观经济研究领域的重要议题。这不仅在于汇率波动会影响到进出口商的贸易收支,还在于汇率作为国际资本流动及国际金融活动的重要工具变量,影响到所有国际经济交易活动。因而,对汇率的预测也在20世纪70年代以后成为学术界广为探讨的问题。

中国在2005年进行第二次汇率体制改革以后,人民币汇率波动的幅度不断扩大。由于中国经济体量不断增长,与世界各国之间的贸易及资本往来也不断扩大,因此,找到合适的预测人民币汇率的模型方法,对于汇率交易商及进出口贸易商来讲是十分重要的。不仅如此,对于政策当局而言,在合理预测的基础上对未来宏观政策进行修正,也需要对汇率进行合理预测与把握。

对汇率进行预测的研究主要体现在方法的不断改进方面。本章针对现有的分类回归模型存在的问题,建立贝叶斯平均分类回归模型(Bayes Aver-

① 本章内容是与上海立信会计学院王双成教授共同完成,在此感谢王双成教授的模型支持。

age Classification and Regression Model, BACRM),在此基础上,分别使用人民币对美元、欧元、日元、港币等货币的名义汇率进行实证预测,并对比分析预测的准确度,以期改进汇率预测的方法。

本章结构安排如下:第二部分是文献回顾;第三部分是基于 GARCH、ARIMA 模型方法的汇率预测;第四部分是使用贝叶斯平均分类回归模型的汇率预测;第五部分对预测结果进行对比分析;第六部分是研究结论。

8.2 文献回顾

目前,研究汇率预测的方法从总体上来讲可以分为两类。一类是基于汇率决定理论,使用理论模型中各宏观经济变量之间的关系进行预测。Meese 和 Rogoff(1983)认为,在短期内,随机游走模型的汇率预测效果要优于那些基于购买力平价、未抵补的利率平价理论以及货币和资产组合平稳模型得出的预测结果。Faust 等(2001)使用 Mark(1995)建立的预测模型研究了汇率的可预测性问题,得出结论认为,汇率预测的有效性依赖于对样本期的选择,而使用修订过的宏观经济数据得出的预测结果不如实时数据有效。Faust 等(2001)一方面确认汇率确实存在可预测性,另一方面还指出 Meese 和 Rogoff(1983)的观点有失偏颇。在实证研究中经常使用的另一类资产价格或收益率的时间序列预测方法,也是本书重点研究的方法,是利用数据序列本身进行的预测分析。此类方法可以称之为基于技术手段的预测。其假设前提是预测目标序列本身的变动就反映了市场所有信息,也就是说,所有影响资产价格或收益的因素都通过该序列自身变动而体现出来。此外,还有一个前提基础是数据序列未来的变动会重复过去的特征。

计量经济学家围绕上述基于技术手段的预测进行了不懈探索,最终形成了两类较为成功的模型方法:一类是基于时间序列自身特性进行的拟合预测,可称之为 ARMA、ARCH 类的线性预测及其拓展。另一类是可称为非线性的技术预测,主要基于神经网络模型方法。

ARCH、ARMA 类及其扩展模型能够准确地模拟时间序列变量波动性的变化,因而在需要预测具有波动性的变量序列领域中得到了广泛应用。Engel(2001)使用 GARCH 模型对美国金融市场在险价值进行了预测分析,评价了 ARCH 类模型在金融时间序列预测方面的广泛应用前景。戴晓枫、肖庆宪(2005)建立了 ARIMA 和 EGARCH 模型对人民币、美元汇率进行预测和评价。并认为 EGARCH 模型的预测要比 ARIMA 模型理想。

随着各种人工智能技术应用于经济学研究,有不少学者开始使用基于神经网络的模型方法预测汇率。谢赤、欧阳亮(2008)将神经网络在汇率预测中的应用总结为三类方法,分别是同质神经网络、异质神经网络和神经网络组合模型。惠晓峰等人(2002)提出了基于实数编码的 GA - BP 神经网络方法,结合递归预测方法预测人民币、美元汇率。

近年来,由于汇率波动的非线性性越发明显,有不少学者探索上述方法的结合或使用其他技术来预测汇率。陈诗一(2007)使用了一种非参数的支持向量回归(SVR)方法预测基于非线性 ARI 模型的汇率时序变量,通过与最大似然法和人工神经网络预测结果进行比较,认为 SVR 方法的预测能力最强大。刘洋(2010)提出了基于遗传算法优化支持向量机(GA - SVM)的人民币汇率预测方法。熊志斌(2011)建立了 ARIMA 融合神经网络的人民币汇率预测模型,以期发挥两种模型在线性空间和非线性空间的预测优势。研究认为,融合模型的预测准确率显著高于包括随机游走模型在内的单一模型的预测准确率。

本部分研究尝试提出一种基于分类回归思想的时间序列预测模型方法。分类(响应变量是离散的)和回归(响应变量是连续的)是许多领域(如多元统计分析、机器学习和数据采掘等)的重要研究内容,而且它们之间具有密切的联系,在分类器基础上建立的回归模型一般称为分类回归模型。早在 1984 年,Breiman 等就建立了著名的 Classification and Regression Tree (CART),CART 尤其适合于具有层次关系的分类和回归问题,已在经济、工业、生物和医疗等领域得到了广泛的应用。Chipman 等(1998)将贝叶斯方法用于 CART,给出了贝叶斯分类回归树(BCART),使 CART 得到了进一步的发展。Hu Wenbiao 等(2011)使用 BCART 预测疾病的发病率,Kao Lingjing 等(2012)将 BCART 用于行为和信用评分。CART 和它的扩展已经成为回归模型家族的重要成员,但他们所采用的是选择性的回归计算模式,即只使用最优的类值来计算回归值,这样非最优类值所蕴含的信息便得不到有效的利用,从而导致信息丢失。本书使用引入平滑参数的多元高斯核函数来估计属性联合密度,并结合贝叶斯网络理论、响应变量的离散化、离散值和连续值之间的对应关系、以类概率为权重的加权求和等建立 BACRM,用于人民币对主要货币汇率的预测研究。BACRM 能够充分利用所有类蕴含的信息进行回归计算,以提高回归模型的可靠性。

现有研究分别从理论模型、技术方法上对汇率预测进行了探索。总体来看,主要发展方向是引进其他学科或使用交叉学科领域的模型方法,尽量考虑汇率作为金融时间序列的非线性特征,不断对预测方法进行改进。本书使用 BACRM 进行人民币汇率预测,该模型能够综合考虑汇率波动的非线性特征与时间序列特性,完全使用汇率波动的滞后值来进行预测。我们将选取不同频率、不同时段的汇率序列,对使用时间序列模型的预测结果与 BACRM 的预测结果进行对比分析,并证明 BACRM 方法确实能够提高预测准确度。

8.3 基于 GARCH 和 ARIMA 方法的汇率预测及结果

8.3.1 数据处理

为了便于与常用预测方法进行对比,本书使用人民币对美元、欧元、港元、日元的名义汇率中间价数据,分别使用汇率预测研究中常用的 GARCH 和 ARIMA 方法进行预测,除使用前述评价指标体系进行评价外,还与 BACRM 预测结果进行对比分析,以期寻找有效的汇率预测方法。其中,美元汇率是 1995 年 1 月至 2013 年 10 月,欧元汇率的时间是 2002 年 4 月至 2013 年 12 月,港元、日元汇率数据是 1995 年 1 月至 2013 年 12 月。数据来源于 WIND 资讯数据库的人民币对美元中间价汇率。具体而言,我们先剔除各汇率数据集中的后 30 个数据,调整数据的样本区间,构建预测模型,然后对这最后 30 个数据进行动态外推预测,再与原序列进行对比,并计算出能够反映预测准确度的评价指标。

实际研究时分别以 USD、EUE、HKD、JPY 代表人民币对美元、欧元、港元、日元的月度平均汇率值。

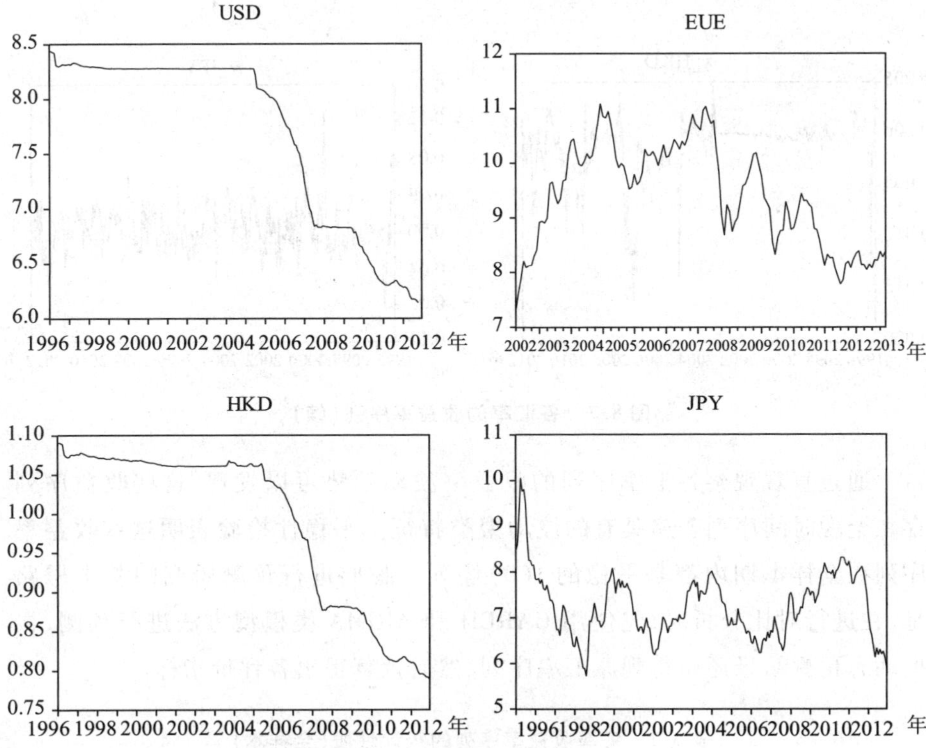

图 8.1　各汇率序列变动

数据预处理时，为获得合适的研究序列，对各汇率序列取自然对数，$y_{i,t} = \ln E_{i,t} - \ln E_{i,t-1}$，$E_{i,t}$ 为 t 期人民币对第 i 种主要货币汇率的名义值。本步骤实际上是将名义汇率转换成了收益率序列。对数差分处理后的数据序列分别表示为 y_i，i 分别表示 USD、EUE、HKD 和 JPY。

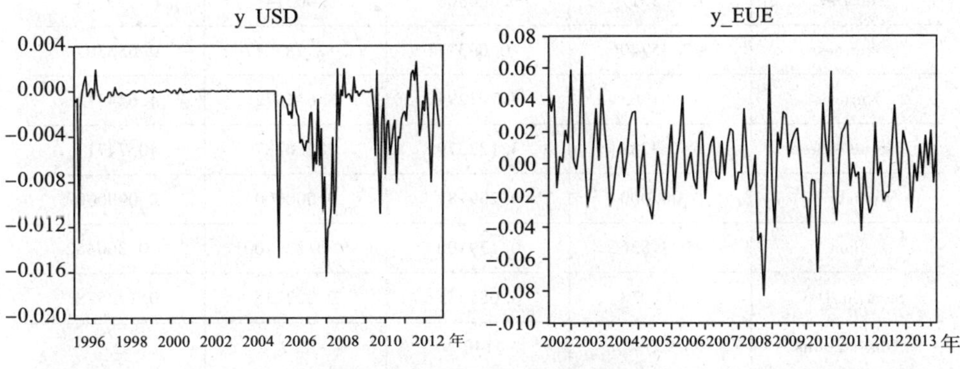

图 8.2　各汇率的收益率序列

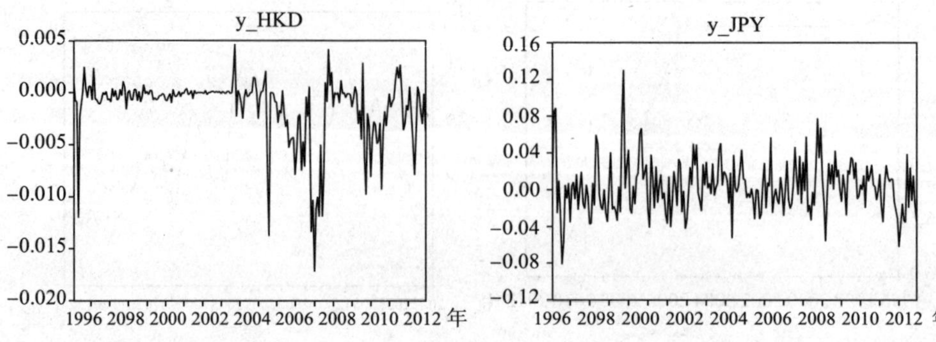

图 8.2　各汇率的收益率序列(续)

通过直观观察各汇率序列的收益率波动趋势可以发现,这些收益序列存在金融时间序列普遍具有的波动聚类特征。平稳性检验表明这些收益率序列在全样本期内都是平稳的 I(0)序列。我们进行预测研究的基本思路是,在进行对比分析时,先使用 GARCH 和 ARIMA 类模型方法进行预测,根据动态预测结果还原得到原汇率序列,然后计算得出各评价指标。

表 8.1　汇率收益率序列的统计性质(全样本)

	Y_USD	Y_EUE	Y_HKD	Y_JPY
Mean	-0.001415	0.000994	-0.001425	-0.001588
Median	-8.46E-05	0.001900	-0.000300	-0.002886
Maximum	0.002669	0.067500	0.004700	0.120598
Minimum	-0.016394	-0.083300	-0.017200	-0.082861
Std. Dev.	0.003017	0.024806	0.003145	0.027634
Skewness	-2.457406	-0.093771	-2.187367	0.633307
Kurtosis	9.461963	3.707294	8.641372	4.644312
Jarque - Bera	617.9281	3.123379	482.0287	40.74717
Probability	0.000000	0.209781	0.000000	0.000000
Sum	-0.318366	0.139100	-0.323400	-0.360482
Sum Sq. Dev.	0.002038	0.085535	0.002235	0.172578
Observations	225	140	227	227

8.3.2 时间序列预测模型的选取

1. ARIMA 模型

ARIMA 是自回归移动平均模型(ARMA)为了满足时间序列平稳性要求而进行的扩展。如果非平稳序列 x_t经过 d 次差分后形成平稳序列,则可利用 ARMA(p,q)模型对该平稳序列进行建模预测,实际上就形成了一个 *ARIMA*(p,d,q)模型。对于经过 d 次差分后形成的平稳序列 x_t,相应的 ARMA(p,q)模型可写为如下形式:

$$x_t = \theta_t + \sum_{i=1}^{p} \mu_i x_{t-i} + \sum_{j=0}^{q} \theta_j \varepsilon_{t-j}$$

ε_t 是 t 时刻的随机误差,是相互独立的白噪声序列,服务均值为 0,方差为 σ^2 的正态分布。使用 ARIMA 模型的好处在于,经过 d 次差分后形成的平稳序列可以直接使用 ARMA(p,q)方法进行预测研究。

2. GARCH 模型

一个 GARCH 模型通常假定预测目标序列的波动与其滞后项有关,而且能够通过滞后项的特殊形式来表示。一个基于 AR(1)的 GARCH(1,1)模型可表示为

$$y_t = \beta_0 + \beta_1 y_{t-1} + \varepsilon_t \text{ , } \varepsilon_t \mid I_{t-1} \sim N(0,\sigma_t^2)$$

I_t 是 t 时刻的信息集。$\sigma_t^2 = \alpha_0 + \alpha_1 \varepsilon_{t-1}^2 + \theta_1 \sigma_{t-1}^2$, $\alpha_0 > 0, \alpha_1 \geq 0$

在实际预测研究时,根据模型残差检验及 AIC 准则确定合适的预测模型。由于使用 GARCH 模型进行实证研究需要检验变量序列是否存在 GARCH 效应,因此,在实际研究时,先进行 GARCH 效应检验,对于满足要求的序列再进行预测。不存在 GARCH 效应的汇率收益率序列就只使用 ARIMA 方法预测。

8.4 BACRM 及汇率预测

由于 GARCH 和 ARIMA 方法相对来讲比较成熟,因此只作简要介绍。而本部分重点是使用 BACRM 方法进行预测研究的对比分析,因此本部分详细介绍 BACRM 方法的预测思路及建模方法。

用 $X_1, \cdots, X_n, C$ 表示连续属性(解释变量)和类(离散响应变量),$x_1, \cdots, x_n, c$ 为其值,D 是具有 N 个记录的数据集,数据随机产生于混合分布 P,

$x_{im}(1 \leqslant i \leqslant n, 1 \leqslant m \leqslant N)$，$c_m$ 表示 X_i 和 C 在数据集 D 中第 m 个记录的观测值。

建立 BACRM 的核心是计算满条件概率 $p(c \mid x_1, \cdots, x_n)$，根据概率公式，可得

$$p(c \mid x_1, \cdots, x_n) = \frac{p(c, x_1, \cdots, x_n)}{\rho(x_1, \cdots, x_n)} = \frac{p(c)\rho(x_1, \cdots, x_n \mid c)}{\rho(x_1, \cdots, x_n)}$$
$$= \alpha p(c)\rho(x_1, \cdots, x_n \mid c) \tag{8.1}$$

其中 α 是与 C 无关的量。式(8.1)将满条件概率 $p(c \mid x_1, \cdots, x_n)$ 计算转化为类先验概率 $p(c)$ 与属性联合密度 $\rho(x_1, \cdots, x_n \mid c)$ 的计算问题。

8.4.1 属性联合密度估计

我们采用统计多元核函数方法来估计属性联合密度，并在多元核函数中引入平滑参数，通过平滑参数的调整来控制模型与数据的拟合程度。

用 $\hat{\rho}(x_1, \cdots, x_n \mid c, D)$ 表示在数据集 D 基础上的属性联合密度估计，基于统计多元核函数的属性联合密度估计一般形式为

$$\hat{\rho}(x_1, \cdots, x_n \mid c, D) = \frac{1}{N(c) h_1 \cdots h_n} \sum_{m=1}^{N} \left[\mathrm{sign}(c_m) \prod_{i=1}^{n} \mathrm{K}_i\left(\frac{x_i - x_{im}}{h_i}\right) \right] \tag{8.2}$$

其中 $N(c)$ 是数据集中 $C = c$ 的情况数量，$\mathrm{K}_i(\cdot)$ 和 $h_i(i = 1, \cdots, n)$ 分别是 X_i 的核函数和平滑参数，$\mathrm{sign}(c_m) = \begin{cases} 1, c_m = c \\ 0, c_m \neq c \end{cases}$ [$\mathrm{sign}(\cdot)$ 是一个示性函数]。取 $\mathrm{K}_i(\cdot)$ 为高斯函数，即 $\mathrm{K}_i(\frac{x_i - x_{im}}{h_i}) = g(x_i; x_{im}, h_i)$，$g(x_i; x_{im}, h_i) = \frac{1}{\sqrt{2\pi} h_i} \exp\left[- \frac{(x_i - x_{im})^2}{2h_i^2} \right]$。为简单起见，取 $h = h_1 = \cdots = h_n$。

8.4.2 用于时间序列预测的 BACRM

在采用高斯核函数估计属性联合密度的基础上，建立用于时间序列预测的 BACRM 需要解决以下三个问题：一是转换数据集的构建和响应变量的离散化，二是 BACRM 计算，三是 BACRM 优化。

1. 转换数据集的构建和类变量的离散化

设有时间序列 $x(1), x(2), \cdots, x(T)$，称数据集 $\{x(t), x(t+1), \cdots, x(t$

$+q)\}$ $(1 \leqslant t \leqslant T-q, q \geqslant 1)$ 为 q 阶转换数据集，其中 $x(t), x(t+1), \cdots, x(t+q-1)$ 为属性，$x(t+q)$ 为类。用 $D(T,q)$ 表示转换数据集（其中属性数量是 q，记录的数量是 $T-q$）。我们使用数据集 $D(T,q)$ 建立 q 阶平均分类回归模型 BACRM(q)，根据 $x(T-q+1), \cdots, x(T)$ 对 $x(T+1)$ 进行预测。我们还需要对 $x(t+q)$ 进行离散化，r 是离散值的数量，将 $x(t+q)$ 离散化后的数据集用 $D'(T,q,r)$ 表示。通过对 $x(t+q)$ 的离散化，已经将回归数据集 $D(T,q)$ 变成分类数据集 $D'(T,q,r)$。

2. BACRM 计算

对分类数据集 $D'(T,q,r)$，我们能够获得满条件概率估计

$$\hat{p}(x(t+q) \mid x(t), \cdots, x(t+q-1), D'(T,q,r))$$
$$\propto \hat{p}(\,|x(t+q)|\, D'(T,q,r))\hat{\rho}(x(t), \cdots, x(t+q-1) \mid x(t+q), D'(T,q,r)) \tag{8.3}$$

对 $\hat{p}(x(t+q) \mid x(t), \cdots, x(t+q-1), D'(T,q,r))$ 进行归一化处理，用 $x^{(1)}(t+q), \cdots, x^{(r)}(t+q)$ 表示 $x(t+q)$ 的所有可能的值，$v^{(i)}(t+q)(1 \leqslant i \leqslant r)$ 是 $x^{(i)}(t+q)$ 所代表的连续值的平均值，$\hat{x}(T+1)$ 表示 $x(T+1)$ 的回归值，那么：

$$\begin{aligned}\hat{x}(T+1) &= \sum_{i=1}^{r} \hat{p}_i[x(T+1) \\ &= x^{(i)}(t+q) \mid x(T-q), \cdots, x(T), D'(T,q,r)]v^{(i)}(t+q)\end{aligned} \tag{8.4}$$

8.4.3 BACRM 的可靠性测试和平滑参数优化

为估计 BACRM 的可靠性，选取一个阈值 T_0，依次使用 $x(1), x(2), \cdots, x(T')$ $(T_0 \leqslant T' \leqslant T-1)$ 进行 BACRM 学习，并预测 $x(T'+1)$，这样得到一个预测值的序列 $\hat{x}(T_0+1), \hat{x}(T_0+2), \cdots, \hat{x}(T)$。我们采用均方根误差（Root Mean Square Error, RMSE）来衡量 BACRM 的可靠性（RMSE 越小，模型越可靠）。用 $RMSE_b$ 来表示 BACRM 的均方根误差，那么

$$RMSE_b(T, T_0, q, r, h) = \sqrt{\frac{1}{T-T_0}\sum_{j=1}^{T-T_0}(x(T_0+j) - \hat{x}(T_0+j))^2} \tag{8.5}$$

我们给出平滑参数 h 的优化方法，可以使用类似的方法优化 q 和 r。首

先,根据实验确定平滑参数的界值 $h_{\min}$ 和 $h_{\max}$,十进位点将 $(h_{\min}, h_{\max})$ 分成一些子区间,在这些子区间中的步长依次记为 $\Delta_1, \Delta_2, \cdots, \Delta_n$(为提高效率,步长可逐渐增加),这样便可得到平滑参数序列 $h^{(1)}, h^{(2)}, \cdots, h^{(H)}$,然后,通过以 $RMSE_b$ 为标准的遍历打分比较来发现最优平滑参数 h^* 。

8.5 预测结果的对比分析

本部分使用常用的汇率预测评价指标对使用上述方法得出的汇率预测结果进行对比分析。在使用 BACRM 进行人民币对美元、欧元、港元和日元的汇率预测时,取 T 为总样本值数量, $T_0 = T - 30$, $q = 20$, $r = 50$, h 分别是 0.024、0.078、0.016 和 0.032。

在进行预测分析时,由于在整个分析期间,欧元汇率收益率序列的 GARCH 检验都没有通过,因此,欧元汇率预测没有使用 GARCH,只使用了 ARIMA 方法。其他 3 种汇率收益率序列的预测研究都使用了 GARCH 和 ARIMA 作为与 BACRM 预测的对比。在实际预测时,首先使用 5 期滚动时间窗口的方法,逐步得到各样本期间 GARCH 和 ARIMA 预测模型,其次采用滚动静态预测方法得到汇率收益率的预测序列,再次倒推得到相应的汇率预测序列,最后计算相应的预测评价指标。

8.5.1 评价指标

参考目前常用的汇率预测评价指标,本书使用以下几个指标进行汇率预测评价:

1. 均方根误差($RMSE$)

$$RMSE = \sqrt{\frac{1}{N}\sum_{i=1}^{N}(y_i - \hat{y}_i)^2}$$

2. Theil 不相等系数

$$T = \frac{\sqrt{\frac{1}{N}\sum_{i=1}^{N}(y_i - \hat{y}_i)^2}}{\sqrt{\frac{1}{N}\sum_{i=1}^{N}(y_i)^2} + \sqrt{\frac{1}{N}\sum_{i=1}^{N}(\hat{y}_i)^2}}$$

3. 平均绝对误差(MAE)

$$MAE = \frac{1}{N}\sum_{i=1}^{N} |y_i - \hat{y}_i|$$

4. 方向预测精度(Directional Accuracy,DA)

$$DA = \frac{1}{N}\sum_{i=1}^{N} a_i \text{ , } a_i = \begin{cases} 1,(y_{i+1} - y_i)(\hat{y}_{i+1} - y_i) > 0 \\ 0,\text{其他情况} \end{cases}$$

方向预测的准确度主要是用来衡量对汇率上升或下降的方向性预测准确度。对于高频数据而言,它具有比较重要的意义,尤其是对于市场中的对冲交易商而言,能够预测未来汇率是上升或下降就已经能够左右其交易决策了。

上述式中,$\hat{y}_i$ 表示预测值,y_i 表示实际值,N 是预测样本数量。根据各式定义,RMSE 和 MAE 越小,则预测越准确。而 DA 值越大,说明预测越准确。T 度量的是相对 RMSE,T = 1 时模型预测能力最差,T = 0 时预测值和实际值完全吻合,模型预测能力最强。

8.5.2 汇率预测的对比评价

1. 美元

表 8.2 给出了美元汇率预测序列的评价指标。ARIMA 滚动预测序列是先使用 1995 年 3 月至 2011 年 4 月的美元收益率序列构建 ARIMA 模型,预测 2011 年 5 月至 2011 年 9 月的收益率序列;然后将建模样本修改为 1995 年 3 月至 2011 年 9 月,建立 ARIMA 模型,再向前预测 2011 年 10 月至 2012 年 2 月间数据,即每次向前推进 5 期数据,实行滚动时间窗口的静态预测。GARCH 滚动静态预测也采用类似的方法。

表 8.2 美元月度汇率序列预测结果评价指标

预测方法	RMSE	T	MAE	DA
ARIMA 滚动静态预测	0.030537732	0.002424207	0.02561243	0.766666667
GARCH 滚动静态预测	0.022435369	0.001778843	0.017256618	0.766666667
BACRM	0.026065235	0.002068506	0.021502633	0.866666667

注:其中,ARIMA 滚动静态预测是使用 ARIMA 模型的 5 期滚动预测结果,每次使用静态预测值作为预测结果。在使用 GARCH 模型预测时,也使用了相同的预测原则。

从预测结果可以看到,BACRM 在方向准度指标方面明显优于 ARIMA 和 GARCH 预测。当使用 RMSE、MAE 和 T 指标进行对比时,BACRM 预测结果要优于 ARIMA 的滚动静态预测,但是不及 GARCH 的预测结果。由于人民币对美元汇率的相对稳定性特征,美元汇率序列可能比较适合于 GARCH 模型的预测。为了得到更为广泛的比较结果,我们还对欧元、日元和港元汇率进行了预测对比分析。

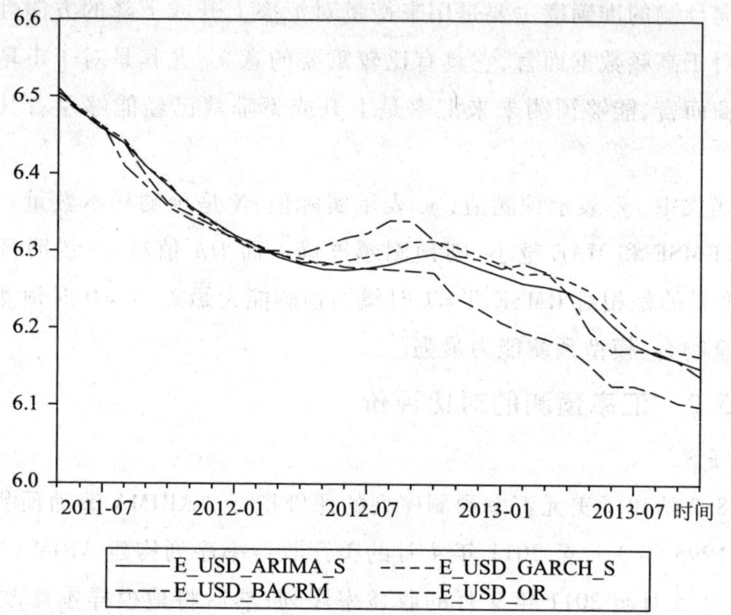

注:E_USD_ARIMA_S 是使用 ARIMA 模型静态预测的结果,E_USD_BACRM 是使用贝叶斯平均分类回归方法预测结果,E_USD_GARCH_S 是使用 GARCH 模型静态预测结果,E_USD_OR 是真实汇率序列。

图 8.3 美元预测值与原值对比

2. 欧元

在对欧元汇率进行预测研究时,在整个样本期间都无法通过 GARCH 效应检验,因此,实证研究时只使用了 ARIMA 作为与 BACRM 预测的对比分析。

表 8.3 欧元月度汇率序列预测结果评价指标

预测方法	RMSE	T	MAE	DA
ARIMA	0.8355696	0.0480175	0.7975396	0.4666667
BACRM	0.4865	0.0285	0.4381	0.6667

注:其中,ARIMA 和 GARCH 都是使用滚动时间窗口的静态预测。

从衡量指标上来看,BACRM 预测在所有指标上都优于 ARIMA 预测结果。BACRM 预测结果的 RMSE、T、MAE 指标都几乎只相当于 ARIMA 预测相应指标的一半。

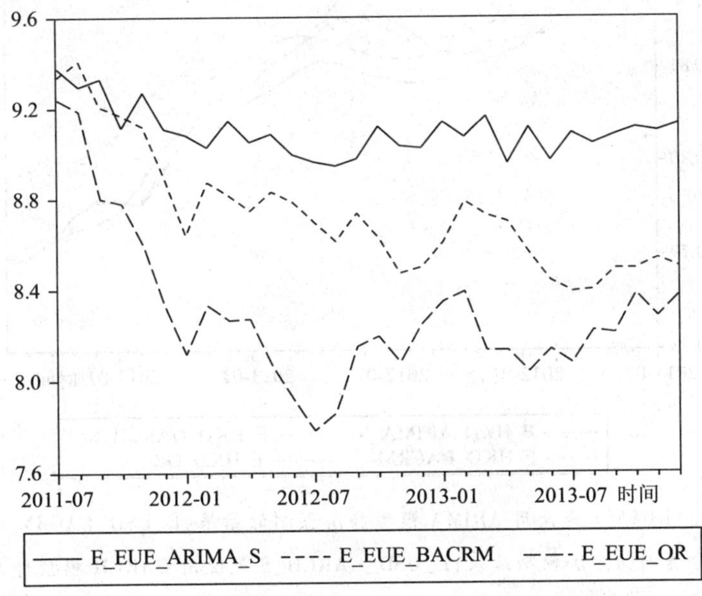

注:E_EUE_ARIMA_S 是使用 ARIMA 模型静态预测的结果,E_EUE_BACRM 是使用贝叶斯平均分类回归方法预测结果,E_EUE_OR 是真实汇率序列。

图 8.4 欧元汇率预测值与原值对比

3. 港元

在对港元汇率进行预测分析的结果中,从评价指标来看,BACRM 预测的准确度显著高于另外两种方法。其中,BACRM 的 RMSE 指标仅相当于 ARIMA 预测方法的 60%,相当于 GARCH 预测方法的 42%,且 DA 指标也有显著的提高。

表 8.4 港元月度汇率序列预测结果评价指标

预测方法	RMSE	T	MAE	DA
ARIMA	0.003433	0.002124	0.002782	0.833333
GARCH	0.0049696	0.0030671	0.0038955	0.7666667
BACRM	0.00206788	0.001278	0.00163235	0.9000

注:其中,ARIMA 和 GARCH 都是使用静态预测。

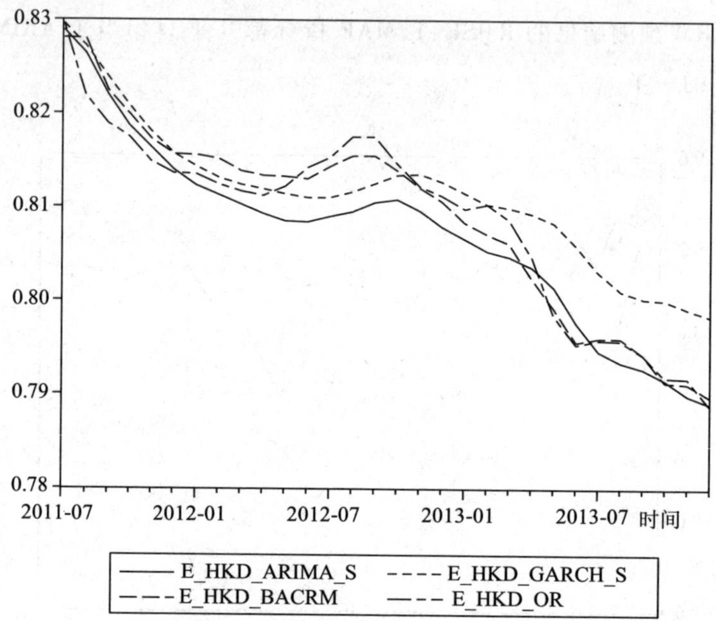

注:E_USD_ARIMA_S 是使用 ARIMA 模型静态预测的结果,E_USD_BACRM 是使用贝叶斯平均分类回归方法预测结果,E_USD_GARCH_S 是使用 GARCH 模型静态预测结果,E_USD_OR 是真实汇率序列。

图 8.5 港币汇率预测值与原值对比

4. 日元

日元汇率预测研究也基本显示了与前述三种主要货币汇率类似的结果。基于 BACRM 的预测都明显优于另两种方法。仍以 RMSE 指标为例,BACRM 预测的 RMSE 指标只相当于 ARIMA 预测的 63%、GARCH 预测的 64%,且 DA 指标也有显著提升,从 0.5667 提升到 0.7333。

表 8.5　日元月度汇率序列预测结果评价指标

预测方法	RMSE	T	MAE	DA
ARIMA	0.9378436	0.0611918	0.6666366	0.5666667
GARCH	0.9236857	0.0602192	0.6514733	0.5666667
BACRM	0.59201203	0.039116	0.45642310	0.7333

注:其中,ARIMA 和 GARCH 都是使用静态预测。

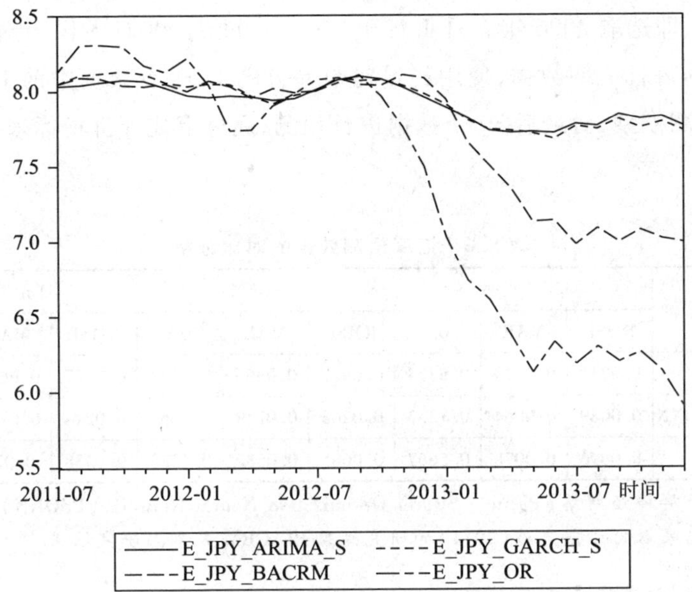

注:E_JPY_ARIMA_S 是使用 ARIMA 模型静态预测的结果,E_JPY_BACRM 是使用贝叶斯平均分类回归方法预测结果,E_JPY_GARCH_S 是使用 GARCH 模型静态预测结果,E_JPY_OR 是真实汇率序列。

图 8.6　日元汇率预测值与原值对比

从总体预测效果来看,BACRM 预测结果都要优于使用 ARIMA 和 GARCH 进行预测的效果。笔者发现,在使用 ARIMA 模型预测欧元和日元汇率时,其效果明显较差,而 GARCH 模型对日元汇率的预测效果也不理想。笔者认为,欧元汇率预测效果不理想的原因之一是前期建模的数据量较少,因为从 2002 年 5 月才开始有欧元汇率记录。另一个重要原因是 ARIMA 和 GARCH 类模型通常预测波动较为规律的市场效果较好。而人民币对美元和港币的汇率相对稳定,因此预测效果相对较好。[①]

8.5.3 与其他相关研究的对比分析

我们在实证研究中还通过与已有研究结果进行对比来对比分析BACRM方法的预测准确度。熊志斌(2011)曾通过建立ARIMA融合神经网络(Neural Networks,NN)的模型来预测人民币汇率。为进行对比分析,我们重建了熊志斌(2011)的研究数据集合,使用BACRM方法对相同的汇率时段进行预测,即选取2006年1月1日至2010年11月28日人民币对美元、欧元、日元的每日汇率数据,使用经过对数差分的1191个数据中前1161个数据建立预测模型,对最后30个数据进行预测,通过上述评价指标来进行对比研究。

表8.6 汇率预测效果的对比分析

预测方法	美元汇率			欧元汇率			日元汇率		
	RMSE	MAE	DA	RMSE	MAE	DA	RMSE	MAE	DA
PSONN	0.0241	0.0223	0.5333	0.0928	0.0856	0.6333	0.0667	0.0601	0.6333
ARIMA - PSONN	0.0089	0.0064	0.7333	0.0263	0.0249	0.7667	0.0214	0.0185	0.800
BACRM	0.0096	0.0078	0.5667	0.0685	0.0582	0.4333	0.0338	0.026	0.6667

注:粒子群神经网络(Particle Swarm Optimization Neural Networks,PSONN)和PSONN - ARIMA结果取自于熊志斌(2011)的研究结果,BACRM是本书研究结果。

从对比分析结果可以看到,除了欧元汇率预测的DA指标外,BACRM的预测结果都要优于神经网络的预测效果。对于美元和日元汇率,基于BACRM的预测结果明显较准确,其RMSE和MAE的评价指标接近熊志斌(2011)使用PSONN - ARIMA得到的综合预测结果。对于欧元汇率,BACRM预测的RMSE和MAE指标也优于神经网络的预测效果。

需要指出的是,熊志斌(2011)的预测思想是使用ARIMA模型预测时间序列的线性主体,然后用神经网络模型对非线性残差进行估计,最终合成整个序列的预测结果。也就是说,使用的预测方法越复杂,预测效果应该是越准确的。熊志斌(2011)的研究也证实了这一点。由于综合分析要求的数据量较大,而且方法也相对复杂,因此我们只使用单一预测方法进行了对比分

① 惠晓峰等人(2003)也指出GARCH模型对于比较平稳的市场才能发挥其最大的作用。

析。我们的研究表明,BACRM 在汇率预测方面是优于单独的 ARIMA 和 GARCH 模型的,即使相比于熊志斌(2011)使用的粒子神经网络模型,本方法也具有一定程度的优越性。

8.6 本章研究结论

本章使用 BACRM 进行汇率预测的实证研究,并与基于 ARIMA、GARCH 模型方法的汇率预测结果进行对比分析。此外,我们还与现有研究进行了对比分析。我们的研究表明 BACRM 方法具有良好的预测能力,尤其是当所预测的时间序列变动具有明显的非线性特征时,其预测效果明显优于其他预测方法。特别是在汇率变动方向准确度评价指标(DA)上,除了欧元以外,BACRM 几乎在所有我们对比分析的汇率预测序列上都优于时间序列以及神经网络模型的单独预测结果。我们的研究表明 BACRM 方法在经济时间序列预测研究领域有广泛的应用范围。

由于单纯依赖汇率本身预测其未来的变化趋势,预测有效期比较短,也很难反映临时性的宏观经济波动造成的汇率变化。虽然 BACRM 预测方法取得了较好的预测效果,但是要想进行更加准确且能及时反应宏观经济乃至世界经济的波动效应,还需要结合其他宏观经济波动序列,将其添加进 BACRM 中,这也是未来汇率预测需要重点考虑的方面。

另外,就本书所使用的研究方法而言,在 BACRM 本身的平滑参数优化方面,我们今后的研究将主要围绕参数优化的规律性展开,探索数据序列本身的特征差异对优化参数选择的影响,以期总结出一般化的 BACRM 参数优化规律。

8.7 第八章研究附录

附表 8.1 初始样本的后 30 个数据统计性质

	Y_USD	Y_EUE	Y_HKD	Y_JPY
Mean	-0.002052	-0.003550	-0.001780	-0.010328

续表

	Y_USD	Y_EUE	Y_HKD	Y_JPY
Median	-0.001976	-0.003900	-0.001600	-0.010581
Maximum	0.002669	0.036600	0.002700	0.032616
Minimum	-0.008143	-0.043000	-0.009300	-0.064669
Std. Dev.	0.002581	0.018855	0.002677	0.023510
Skewness	-0.430220	0.019505	-0.810886	-0.240420
Kurtosis	3.156537	2.470971	4.012596	2.305974
Jarque - Bera	0.956077	0.351742	4.569374	0.891099
Probability	0.619998	0.838726	0.101806	0.640472
Sum	-0.061574	-0.106500	-0.053400	-0.309848
Sum Sq. Dev.	0.000193	0.010310	0.000208	0.016028
Observations	30	30	30	30

附表 8.2 不同预测方法下美元汇率序列的统计性质

	E_USD_ARIMA_S	E_USD_GARCH_S	E_USD_BACRM	E_USD_OR
Mean	6.298941	6.308099	6.271307	6.303040
Median	6.283225	6.294838	6.276848	6.303300
Maximum	6.504425	6.503493	6.509196	6.498800
Minimum	6.149666	6.165192	6.099742	6.139300
Std. Dev.	0.090814	0.086535	0.111992	0.090215
Skewness	0.562691	0.535404	0.332244	0.155399
Kurtosis	2.897187	2.991586	2.445443	2.905000
Jarque - Bera	1.596321	1.433375	0.936346	0.132025
Probability	0.450156	0.488367	0.626145	0.936119
Sum	188.9682	189.2430	188.1392	189.0912
Sum Sq. Dev.	0.239171	0.217161	0.363721	0.236025
Observations	30	30	30	30

附表 8.3 不同预测方法下欧元汇率序列的统计性质

	E_EUE_ARIMA_S	E_EUE_BACRM	E_EUE_OR
Mean	9.095853	8.736443	8.298317
Median	9.086650	8.697800	8.233350
Maximum	9.375500	9.407200	9.238500

续表

	E_EUE_ARIMA_S	E_EUE_BACRM	E_EUE_OR
Minimum	8.944000	8.389700	7.778500
Std. Dev.	0.107828	0.274313	0.335672
Skewness	0.937499	0.960063	1.342692
Kurtosis	3.578958	3.127910	4.722291
Jarque - Bera	4.813512	4.629059	12.72196
Probability	0.090107	0.098813	0.001728
Sum	272.8756	262.0933	248.9495
Sum Sq. Dev.	0.337180	2.182183	3.267593
Observations	30	30	30

附表 8.4 不同预测方法下港币汇率序列的统计性质

	E_HKD_ARIMA_S	E_HKD_GARCH_S	E_HKD_BACRM	E_HKD_OR
Mean	0.807130	0.811360	0.809136	0.808827
Median	0.808750	0.811550	0.813127	0.811950
Maximum	0.828900	0.829600	0.828050	0.829600
Minimum	0.789000	0.798300	0.789730	0.788800
Std. Dev.	0.010173	0.007693	0.010724	0.010204
Skewness	0.005820	0.343321	-0.315909	-0.458746
Kurtosis	2.692224	3.156444	2.207856	2.401282
Jarque - Bera	0.118577	0.619940	1.283358	1.500320
Probability	0.942435	0.733469	0.526408	0.472291
Sum	24.21390	24.34080	24.27409	24.26480
Sum Sq. Dev.	0.003001	0.001716	0.003335	0.003019
Observations	30	30	30	30

附表 8.5 不同预测方法下日元汇率序列的统计性质

	E_JPY_ARIMA_S	E_JPY_GARCH_S	E_JPY_BACRM	E_JPY_OR
Mean	7.924620	7.936593	7.721733	7.350857
Median	7.959900	7.982950	8.002905	7.751300
Maximum	8.100500	8.134100	8.108880	8.310000
Minimum	7.718300	7.677500	6.976743	5.899500
Std. Dev.	0.128125	0.153485	0.445946	0.872045

续表

	E_JPY_ARIMA_S	E_JPY_GARCH_S	E_JPY_BACRM	E_JPY_OR
Skewness	-0. 310524	-0. 326654	-0. 750327	-0. 422514
Kurtosis	1. 655032	1. 486434	1. 744199	1. 440746
Jarque - Bera	2. 743298	3. 397119	4. 786245	3. 931681
Probability	0. 253688	0. 182947	0. 091344	0. 140038
Sum	237. 7386	238. 0978	231. 6520	220. 5257
Sum Sq. Dev.	0. 476068	0. 683168	5. 767167	22. 05343
Observations	30	30	30	30

第九章 CHAPTER 9 世界经济冲击与中国宏观经济波动：分析框架与实证研究

9.1 引 言

在当前各国经济开放度普遍提高的背景下,一国宏观经济运行受到外部经济冲击的影响作用越来越明显。通过密切的贸易及资本往来,我国主要贸易伙伴国内的宏观经济波动与我国经济运行之间表现出越来越强的相关性,其国内经济变量的波动会通过各种渠道传导到我国,而全球性的经济金融变量波动也会对中国宏观经济运行产生影响。因此,研究不同层次的外部经济冲击对我国经济发展的影响,辨析经济波动传入我国的主要渠道与途径,对于正确评估各类经济波动对我国产生的影响效应,采取相应政策措施保持我国宏观经济平稳增长具有重要的政策指导意义。

目前关于经济冲击国际传导机制的文献大都与国际商业周期的同步性研究有关,代表性研究包括 Baxter(1991)、Kouparitsas(2003)、Giovanni 和 Shambaugh(2005)、Pesaran 和 Pick(2007)以及 Burstein 等(2008),等等。相关的分析均指出,有许多渠道都可能传导国际商业周期。而各国的经济波动表现出越来越强的趋同性。除了各国经济开放度越来越高这一因素外,也有可能是发生经济波动的国家受到了共同的全球性冲击的作用,当然,特定国家或地区遭受的经济冲击也可能来自于某一个特定国家或部门的冲击,比如来自于与其贸易投资关系密切的国家。Frankel 和 Rose(1998)认为通过贸易联系和更广泛的经济一体化进程,单个国家之间的商业周期同步程度不断提高。而贸易联系本身就是国家之间的冲击传导的重要渠道。Kenen(2000)使用凯恩斯模型表明随着贸易联系不断密切,国家之间的产出变化相关性也不断增强。Canova 和 Marrinan(1998)指出,理解是什么导致了商业周期的传导具有重要的政策指导意义。如果一国总供给出现不利的变动,而外国需求冲击是导致这一不利变动的主要原因,则就需要执行凯恩斯类型的政策来使本国经济从外国经济冲击中隔离开来。另外,正如实际商业周期方面的研究所指出的,如果经济波动的周期性波动是对国内和外国经济波动的最优响应,那么政策的作用就不是隔离波动,而应该是降低不确定性对经济发展的影响。因而,在中国经济与其他各国经济相互依存程度不断加深的背景下,分析主要发达经济体的经济波动、政策变化对我国宏观经济产生的影响,识别并比较金融渠道、实体经济变量渠道的相对重要性与传导特性,对于制定相应的宏观稳定政策就具有重要的现实意义。

本章尝试使用 GVAR(Global Vector Auto - Regressive)模型方法,通过对世界主要经济体构建一个增广的向量自回归模型,来分析外部宏观经济波动对中国产生的影响。GVAR 是一个使用向量误差修正模型将各国之间经济波动相互联系的全球模型。根据考虑的变量覆盖范围,GVAR 可以同时考虑多种经济冲击的跨国传导渠道。既包括对外贸易渠道,也包括相当多的金融传导渠道,如汇率、利率以及资产价格。GAVR 最突出的特点就是根据现实世界各国主要宏观经济变量的相互影响,利用了数据挖掘的一些思路与方法,尽最大可能对各国经济变量之间的相互影响进行效应分析。在实证研究层面上来看,它比较接近经济现实,尤其是能够全面反应全球化不断加深,各国经济影响日益密切的开放经济环境。另外,GVAR 模型方法考虑了一国国内经济变量与外国相应经济变量之间的长期协整关系,避免使用面板数据进行多国模型估计时,只能考虑本国经济变量长期影响的局限性。它考虑了与经济理论的分析相一致的长期互动关系,同时也能够分析现实数据所反应出的短期波动关系。

本部分在进行实证分析时,不仅考虑了主要贸易伙伴宏观经济变量波动的影响效应,还分析了主要贸易伙伴及世界主要国家宏观经济变量同时发生冲击时对中国产生的影响。这使本书分析能够刻画当发生世界范围内的经济冲击时中国的宏观经济变量受到的影响效应,并且辨识外部冲击传入中国的主要途径。文章结构如下:第二部分对研究经济冲击国际传导的文献进行简单回顾。第三部分提出多国实际商业周期模型的分析框架,并简要介绍了 GVAR 实证模型方法。第四部分是数据处理与实证模型设定及检验。第五部分是实证研究。第六部分进行研究小结。

9.2 文献回顾

自从 20 世纪 70 年代布雷顿森林体系崩溃、浮动汇率体系建立以来,经济冲击的国际传导机制及其效应研究就一直是国际经济学领域研究的热点问题。随着几次世界性的经济金融危机的爆发与全球性的扩散,这一领域的研究受到越来越多的关注。从其研究内容上来看,相关文献主要是从分析经济冲击的国际传导渠道、特定国家或地区的经济运行遭受国际经济冲击的程度大小这两方面展开。虽然结论不尽相同,但是大多数研究都认为,随着经济一体化程度不断加深,各国家之间经济波动的相关性不断增强,主要发达国家的经济波动对其他国家产生的影响越来越明显。

经济冲击的国际传导途径及传导机制是最早受到国际经济学界关注的问题之一。Pesaran 和 Pick(2007),Burstein 等(2008)等为经济冲击的国际传导效应提供了分析模型。Ehrmann 和 Fratzscher(2009)考虑了实际汇率的冲击传导作用。Kouparitsas(2003)、Giovanni 和 Shambaugh(2005)分析了不同汇率制度下各国商业周期及经济冲击传导的差异性研究。此外,也有不少文献考虑了国际金融危机期间经济波动的国际传导渠道问题,这其中有较多的研究对贸易和金融传导渠道进行了深入的分析(如 Anderson et al.,1999;Corsetti 和 Muller,2011;Kim 和 Roubini,2008;Devereux 和 Yetman,2009)。这些文献多数以发达国家相互之间的影响效应为分析对象,较少直接分析发达国家经济波动对中国宏观经济产生的影响效应。Akin 和 Ayhan(2008)检验了发达国家在全球化进程中对发展中国家产生的增长溢出效应。Schmitt - Grohe(1998)、Dees 和 Vansteenkiste(2007)则直接实证检验了美国经济波动对其他国家产生的影响效应。Fidrmuc 和 Korhonen(2010)研究了国际金融危机环境下 OECD 国家经济波动对中国及印度的传导效应。

随着发展中国家在世界经济中的作用越来越重要,有不少研究也将发展中国家和新兴市场经济体考虑进来。Kose 等(2008)将 106 个国家和地区分成工业国、新兴市场经济体和发展中国家三个组别,分析了 1960—2005 年全球性的经济周期同步波动的演化。Dooley 和 Hutchison(2009)研究发现在 2008 年之后,新兴经济体对美国金融体系和实体经济的恶化高度敏感。Fidrmuc 和 Korhonen(2010)分析了全球金融危机向中国和印度的传导机制。Aloui 等(2011)实证分析了金砖国家的金融市场与美国市场之间存在的依赖性。这些研究基本证实发达国家经济波动对发展中国家存在显著的影响作用。

在该领域的研究中,基于现实数据的 VAR 模型得到了广泛的应用。在 GVAR 模型的应用方面,Chudik 和 Fratzscher(2011)分析并比较了金融危机期间流动性收缩在全球危机传导机制中的作用。Osorio 和 Unsal(2013)研究了亚洲经济体共同通货膨胀的驱动因素,认为中国的通货膨胀溢出对亚洲经济体产生了重要的影响作用。Cakir 和 Kabundi(2013)讨论了金砖国家贸易冲击对南非宏观经济的影响作用。这些研究表明 GVAR 模型方法在分析经济冲击的国际传导机制方面具有较好的分析效果。

国内学者也在经济冲击的国际传导机制方面进行了有益的探索。杨万平、袁晓玲(2010)在以双边贸易与投资为传导纽带并考虑汇率变化影响的基础上,运用 VAR 模型定量分析了美国经济波动对中国经济冲击的长期传导机制和短期动态影响特征。孙雪芬、马红霞(2011)的研究认为全球流动性增加对中国通货膨胀会产生正向拉动作用。张延群(2012)介绍了 GVAR 模型的理论、方法及其在中国经济分析中的应用。杨湘玉、程源(2012)研究了发展中国家受到世界经济冲击的主要传递渠道及渠道间的关联。王金明、高铁梅(2013)分析了欧盟经济波动通过贸易渠道对中国经济产生的影响效应。国内学者的相关研究大多集中于美国经济波动对我国产生的影响效应,较少同时考虑世界主要发达经济体整体经济波动对我国产生的综合影响,这也是本书分析尝试进行创新的重要方面。

9.3 理论框架与实证方法

目前,宏观经济政策分析较为广泛地采用基于实际商业周期理论的动态一般均衡模型分析方法。通常该方法在开放经济环境下的分析是两国模型,我们可以借用该分析框架,将其推广至多国框架的动态一般均衡模型。

Juillard 和 Villemot(2011)曾描述过一个多国商业周期模型框架。

考虑一个多国环境的实际商业周期模型,其具有完全的资产市场。假定模型中有 N 个国家,生产单一的同质商品,国家之间进行交换。将第 $j \in \{1,\cdots,N\}$ 个国家在时刻 t 的产出水平表示为 $a_t^j f^j(k_t^j,l_t^j)$,其中 a_t^j 代表第 j 国的生产率水平,f^j 是生产函数,k_t^j 是初始状态的资本存量,l_t^j 是工作时间。资本变动方程可写为

$$k_{t+1}^j = (1-\delta)k_t^j + i_t^j \tag{9.1}$$

式中 i_t^j 是投资额,δ 是资本折旧率。生产率变化方程表示为

$$\ln a_t^j = \rho \ln a_{t-1}^j + \mu(e_t^j + e_t) \tag{9.2}$$

e_t^j 代表 j 国的特定经济冲击,e_t 代表了世界范围内的共同冲击。假定这些冲击都服从均值为 0 且有单位方差的相同分布。参数 ρ 和 μ 分别决定了生产率水平对数值的自相关度和方差。假定资本存量存在调整成本

$$\Gamma_t^j = \frac{\varphi}{2}k_t^j\left(\frac{i_t^j}{k_t^j}-\delta\right)^2 \tag{9.3}$$

式中参数 φ 反映了资本市场摩擦程度。

模型中每个国家具有一个代表性代理人,其即期效用是 $u^j(c_t^j,l_t^j)$,式中 u^j 是效用函数,c_t^j 是消费。世界总的资源约束方程为

$$\sum_{j=1}^{N}(c_t^j + i_t^j - \delta k_t^j) \leqslant \sum_{j=1}^{N}\left[a_t^j f^j(k_t^j,l_t^j) - \Gamma_t^j\right] \tag{9.4}$$

假定在方程系统中每个国家的权重为 ω^j ,则将上述模型转变成一个社会计划者的最优化问题,可写为如下方程形式:

$$\max_{\{c_t^j,i_t^j,k_{t+1}^j,l_t^j\}_{t=0,\cdots,+\infty}^{j=1,\cdots,N}} \mathrm{E}\sum_{j=1}^{N}\omega^j\left(\sum_{t=0}^{+\infty}\beta^t u^j(c_t^j,l_t^j)\right) \tag{9.5}$$

其中 β 是主观折现因子,约束条件是式(9.1)、式(9.3)、式(9.4)。当然,在

实际分析时,也可以选定一个参照国,将权重变量写为相对形式,并不会改变模型的分析结论。

假定 λ_t 是总资源约束的拉格朗日乘数,则一阶条件可写为

$$\omega^j u_c^j(c_t^j, l_t^j) = \lambda_t \tag{9.6}$$

$$\omega^j u_l^j(c_t^j, l_t^j) = -\lambda_t a_t^j f_l^j(k_t^j, l_t^j) \tag{9.7}$$

$$\lambda_t\left[1+\phi\left(\frac{i_t^j}{k_t^j}-\delta\right)\right] = \beta E\left\{\lambda_{t+1}\left[1+a_{t+1}^j f_k^j(k_{t+1}^j, l_{t+1}^j)+\phi\left(1-\delta+\frac{i_{t+1}^j}{k_{t+1}^j}-\frac{1}{2}\left(\frac{i_{t+1}^j}{k_{t+1}^j}-\delta\right)\right)\left(\frac{i_{t+1}^j}{k_{t+1}^j}-\delta\right)\right]\right\} \tag{9.8}$$

$$k_{t+1}^j = (1-\delta)k_t^j + i_t^j \tag{9.9}$$

$$\sum_{j=1}^{N}(c_t^j + i_t^j - \delta k_t^j) = \sum_{j=1}^{N}\left[a_t^j f^j(k_t^j, l_t^j) - \frac{\phi}{2}k_t^j\left(\frac{i_t^j}{k_t^j}-\delta\right)^2\right] \tag{9.10}$$

$$\ln a_t^j = \rho \ln a_{t-1}^j + \mu(e_t^j + e_t) \tag{9.11}$$

Juillard 和 Villemot(2011)的论文主要研究不用效用函数及生产函数设定下,实际商业周期模型的结果差异。

如果在上述方程系统中引入各国货币政策或其他政策变量方程,那么就可以在多国框架下,使用实际商业周期理论验证各国之间政策联系及冲击传导的分析。但是引入过多的模型参数,容易导致基于模拟分析的结论过于理论化,而且现实中难以获得实际数据的支持。以下本书将基于现实数据采用全球向量自回归模型(GVAR)进行经济冲击国际传导的实证研究。

GVAR 方法是把各国之间的经济联系,通过在各国自身变量组成的 VAR 模型中添加其他各国的经济变量,以及一些影响世界经济发展的全球变量,来组成一个增广的 VAR 模型,称其为 VARX * 模型。利用该模型进行脉冲响应分析,从而研究某国特定经济因素受到外部冲击时的反应方式及反应程度。在使用 GVAR 模型进行实证分析时,这种外部冲击可以是来自于某特定国家的特定经济冲击,也可以是来自于那些影响世界各国的共同冲击。

Dees 等(2007)以及 Pesaran 等(2009)对 VARX * 模型进行过详细的描述。假定要对 $N+1$ 个国家和地区进行建立 VAR 实证模型,设定国家序号为 $i=0,1,2,\cdots,N$,其中序号为零的国家作为参照国。由于美国经济体量巨大并且美元具有特殊的国际地位,因此在实证研究中参照国设定为美国。

特定国家的 GVAR 模型 VARX *(pi,qi)可写为如下形式:

$$\Phi_i(L,p_i)x_{it} = a_{i0} + a_{i1}t + \Upsilon_i(L,q_i)d_t + \Lambda_i(L,q_i)x_{it}^* + u_{it} \quad (9.12)$$

其中,$\Phi_i(L,p_i)$,$\Upsilon_i(L,q_i)$ 和 $\Lambda_i(L,q_i)$ 分别为 pi 和 qi 阶滞后算子多项式。x_{it} 是第 i 个国家的国内宏观经济变量向量,x_{it}^* 是每个特定国家面对的外国经济变量,d_t 是可观测到的具有全球影响效应的宏观变量。a_{i0} 和 a_{i1} 是确定性趋势的系数,u_{it} 是特定国家的冲击因素。对第 i 国而言,对应的外国变量序列 x_{it}^* 是通过对其贸易伙伴国的宏观经济变量按照相互的贸易权重加权平均得到的,即 $x_{it}^* = \sum_{j=0}^{N} w_{ij}x_{jt}$,$w_{ij}$ 是国家 j 在国家 i 的外贸总额中所占的比重。

通常,一个具有二阶滞后的 VARX *(2,2)模型可以使用误差修正式表示为

$$\Delta x_{it} = c_{i0} - \alpha_i\beta'_i[\kappa_{i,t-1} - \gamma_i(t-1)] + \Upsilon_{i0}\Delta d_t + \Lambda_{i0}\Delta x_{it}^* + \Upsilon_{i1}\Delta d_{t-1} + \Gamma_i\Delta\mu_{i,t-1} + u_{it} \quad (9.13)$$

这里,$\kappa_{i,t} = (x'_{it},x_{it}^{*\prime},d'_t)'$,$\mu_{it} = (x'_{it},x_{it}^{*\prime})'$。估计出每个国家的特定 VARX *模型之后,将所有的内生变量 x_{it}(0,1,…,N)写成一个全球性向量 $xt = (x'_{0t},x'_{1t},\cdots,x'_{Nt})'$。按照上述定义 $\kappa_{i,t} = (x'_{it},x_{it}^{*\prime},d'_t)'$,可得

$$\kappa_{it} = W_i x_t \quad (9.14)$$

式中,W_i 是由特定国家权重 w_{ij} 构成的权重矩阵。

在式(9.12)中,如果定义 $A_i(L,p_i,q_i,q_i) = [\Phi_i(L,p_i) - \Lambda_i(L,q_i) - \Upsilon_i(L,q_i)]$

$\theta_{it} = a_{i0} + a_{i1}t + u_{it}$,则式(9.12)可简写为

$$A_i(L,p_i,q_i,q_i)\kappa_{it} = \theta_{it} \quad (9.15)$$

设定 $p = \max(pi,qi)$,将 $A_i(L,p_i,q_i,q_i)$ 表示为 $A_i(L,p)$,则式(9.15)可写为

$A_i(L,p_i)W_i x_t = \theta_{it}$,i=0,1,…,N。如果设定:

$$G(L,p) = \begin{pmatrix} A_0(L,p)W_0 \\ A_1(L,p)W_1 \\ \vdots \\ A_N(L,p)W_N \end{pmatrix}, \theta t = \begin{pmatrix} \theta_{0t} \\ \theta_{1t} \\ \vdots \\ \theta_{Nt} \end{pmatrix} \quad (9.16)$$

通过将 N 个国家的 VARX* 模型进行堆积,可将 GVAR(p)模型表示为

一个关于 x_t 的 VAR(p)模型

$$G(L,p)x_t = \theta_t \quad (9.17)$$

对上式根据递归方法解出估计的系数,可用于预测或得到一般化的脉冲响应分析结果。如果将具有世界性影响效应的变量和一国面对的外国变量 x_{it}^* 看作是具有弱外生性的变量,则每个国家自身变量之间的协整关系以及协整向量的数量都能够得到一致性估计结果。而这里所称的弱外生性,是指在所估计的协整模型中,不存在从 x_{it} 向 x_{it}^* 的长期反馈机制,但是允许这两组变量之间存在一些短期的滞后项的相互影响。按照 Johansen(1992)和 Harbo 等(1998)的描述,特定国家模型中外国变量 x_{it}^* 的弱外生性是通过进行一个特定的误差修正式的联合检验来实现的。对于外国变量向量 x_{it}^* 中的第1个变量进行如下回归:

$$\Delta x_{it,l}^* = \alpha_{il} + \sum_{j=1}^{ri} \xi_{ij,l} ECM_{ij,t-1} + \sum_{k=1}^{si} \upsilon'_{ik,l} \Delta x_{i,t-k} + \sum_{m=1}^{ni} \psi'_{im,l} \Delta \tilde{x}_{i,t-m}^* + \nu_{it,l} \quad (9.18)$$

这里,$ECM_{ij,t-1}$,$j=1,2,\cdots,ri$,是 i 国模型中第 ri 个协整关系对应的误差修正项,si 和 ni 是国内变量和外国变量的滞后阶数。弱外生性检验是通过对上述回归结果进行一个零假设为 $\xi_{ij,l} = 0, j = 1,2,\cdots,ri$ 的联合 F 检验完成的。在这个意义上,可称 x_{it}^* 是 x_{it} 的长期驱动力。因而 GAVR 也就是在这个意义上来描述并研究外部冲击对一国宏观经济变量的影响效应。

9.4 数据处理与模型设定

9.4.1 数据处理

本文 GVAR 模型使用的数据期间是1979年二季度至2011年二季度。包括33个国家,其中8个国家合并成欧元区。① 宏观经济变量包括:实际产出、通货膨胀率、实际资产价格、实际汇率、短期利率与长期利率,还包括一

① 这些国家主要是:美国,中国,日本,英国,加拿大,澳大利亚,新西兰,韩国,印度尼西亚,泰国,菲律宾,马来西亚,新加坡,瑞典,瑞士,挪威,巴西,墨西哥,阿根廷,智利,秘鲁,印度,南非,土耳其,沙特阿拉伯,以及德国,法国,意大利,西班牙,荷兰,比利时,匈牙利和芬兰。在实证研究数据处理时德国等后8个国家合并成欧元区。

个额外的全球变量石油价格。

(1)实际产出(y)

使用由 IFS 获得的实际季度 GDP 指数,经过季节调整处理。① 对于一些缺乏季度数据的国家和地区,使用的是对实际年度 GDP 指数进行插值处理得到季度结果,然后再进行季节调整处理。对于中国的实际 GDP 指数,是使用中国国家统计局发布的名义季度 GDP 数值为基础数据,对其进行季度调整处理,然后使用以下方法进行转换。

$$\ln(RGDP)_1 = \ln\left(\frac{GDP_1}{CPI_1}\right)$$

$$\ln(RGDP)_t = \ln(RGDP)_{t-1} + \ln\left(\frac{GDP_t}{CPI_t}\right) - \ln\left(\frac{GDP_{t-1}}{CPI_{t-1}}\right), t > 1$$

其中,CPI 是消费者价格指数,RGDP 是实际季度 GDP 序列,GDP 是名义季度 GDP 序列。

(2)通货膨胀率(Dp)

基本数据库是 IFS 的 CPI 统计数据,也经过季节调整并取对数处理。②

(3)实际资产价格(eq)

实际资产价格变量用来反映国家和地区间来自于资本市场波动的相互影响。数据主要来源于 Bloomberg 提供的 MSCI Country Index,进行季度平均后,根据 CPI 指数计算实际值,然后取对数处理。③

(4)实际汇率(ep)

每个国家或地区货币对美元双边汇率指数来源于 Bloomberg。对每种货币计算其对美元的双边名义汇率季度平均值,使用一美元兑换的外币数值来表示名义汇率值,经过 CPI 调整后得到实际汇率,然后取对数处理。

(5)短期利率(r)和长期利率(lr)

数据主要来源于 IFS,缺失数据使用 Bloomberg 数据补齐。并使用如下公式将年度利率分解为季度利率。

$$r_t = 0.25 \times \ln(1 + R_t^S/100), \ lr_t = 0.25 \times \ln(1 + R_t^L/100)$$

① 季节调整的方法是在 Eviews 中使用 X12 过程。

② 中国的数据来源于 Bloomberg 数据库。

③ 中国的模型变量不包含该指数,对马来西亚使用的是当地股票市场指数作为替代。

其中，R_t^S 和 R_t^L 分别为百分比表示的年度短期利率和长期利率。

(6)石油价格指数(poil)

作为具有全球性影响的弱外生性波动变量，该数据序列使用的是 Bloomberg 提供的布伦特原油价格指数，对其取对数后表示为 poil。

在实证分析时，计算各国之间贸易权重的基础来源于 IMF 的贸易方向统计(IMF Direction of Trade statistics)。与第 i 国相对应的具有弱外生性的外国变量可表示为

$$y_{it}^* = \sum_{j=0}^{N} w_{ij} y_{jt} \ , \ Dp_{it}^* = \sum_{j=0}^{N} w_{ij} Dp_{jt} \ , \ eq_{it}^* = \sum_{j=0}^{N} w_{ij} eq_{jt}$$

$$ep_{it}^* = \sum_{j=0}^{N} w_{ij} ep_{jt} \ , \ r_{it}^* = \sum_{j=0}^{N} w_{ij} r_{jt} \ , \ lr_{it}^* = \sum_{j=0}^{N} w_{ij} lr_{jt}$$

其中，w_{ij} 是国家 j 在国家 i 的外贸总额中所占比重，因而 $w_{ii} = 0$ ，$\sum_{j=0}^{N} w_{ij} = 1$ 。

由于美国作为参照国，因此其内生变量及外国变量的设置与其他各国有所不同。对于除美国以外的所有国家和地区，内生变量包括 y，D_p，e_p，e_q，r 和 lr，而弱外生性变量包括 y*，Dp*，eq*，r*，lr* 与 poil。对美国而言，由于作为参照国，其汇率只能由外部变量决定，而石油价格是作为内生变量出现的。因此，美国模型中内生变量包括 y，Dp，eq，r，lr 以及 poil，弱外生性变量只包括 y*，Dp* 以及 ep*。其中，带"＊"的变量是特定国家经济波动面对的外部影响，也即构成前述 VARX* 模型中向量 X_i^* 的变量序列，$i = 0, 1, 2, \cdots, N$。①

9.4.2 模型设定与预处理

本部分使用上述设定的 GVAR 模型来分析美国、欧元区、日本与韩国作为中国主要的对外贸易伙伴，其宏观经济变量波动对中国宏观经济变量的影响效应。在实证研究时，特定国家面对的外国变量 X^* 的计算涉及各国间贸易权重数据，根据数据可得性，使用的是各国间 1980—2009 年的双边贸易数据计算相应的贸易权重。②

---

① 由于受数据可得性的限制，在实证研究中，中国、巴西、墨西哥、印度尼西亚、土耳其、沙特阿拉伯与秘鲁 7 个国家不包含实际资产价格变量，而只有美国，欧元区，日本，英国，加拿大，南非，澳大利亚，南非，挪威，瑞典，瑞士和新西兰的模型中包含长期利率变量。

② 实证分析时使用 Smith 和 Galesi(2011)提供的 GVAR Toolbox 1.1 软件包进行计算。

1. 模型设定检验

(1)单位根检验

表9.1主要给出中国主要贸易伙伴国家与地区相应变量的单位根检测结果。

表9.1 国内变量的单位根检验结果

国内变量(X_t)	检验方法	5%临界值	中国	欧元区	日本	韩国	美国
y(with trend)	ADF	-3.45	-1.8833	-1.41608	-0.88479	-0.86489	-1.34877
	WS	-3.24	-2.06365	-1.89066	-0.4346	-0.93521	-1.88204
y(no trend)	ADF	-2.89	0.955604	-1.0827	-2.61141	-3.44123	-1.25334
	WS	-2.55	0.587433	1.119919	0.959321	0.3433	0.406487
D(y)	ADF	-2.89	-3.51045	-4.27626	-4.752	-5.46842	-3.67267
	WS	-2.55	-3.68741	-4.47535	-4.9153	-5.34305	-3.91183
Dp(with trend)	ADF	-3.45	-3.07434	-2.69631	-4.27602	-6.45142	-3.90785
	WS	-3.24	-3.12552	-1.832	-2.09121	-2.49966	-1.11998
Dp(no trend)	ADF	-2.89	-2.97003	-3.3672	-4.09588	-6.75443	-4.14152
	WS	-2.55	-3.12365	-0.82199	-0.54931	-1.67466	0.034959
D(Dp)	ADF	-2.89	-6.56974	-6.76984	-5.96137	-4.17405	-6.03036
	WS	-2.55	-6.78208	-6.85466	-6.20096	-4.38767	-6.154
eq(with trend)	ADF	-3.45		-2.06313	-2.21419	-2.55902	-1.63017
	WS	-3.24		-2.28955	-1.77825	-2.77877	-1.9198
eq(no trend)	ADF	-2.89		-1.68278	-2.50547	-1.49826	-1.22542
	WS	-2.55		-0.93763	-1.67554	-1.46552	-0.48551
D(eq)	ADF	-2.89		-6.90499	-4.98232	-5.83001	-6.40363
	WS	-2.55		-7.04	-5.15934	-5.88637	-6.51963
ep(with trend)	ADF	-3.45	-1.57089	-2.28364	-2.17296	-2.67388	
	WS	-3.24	-0.94093	-2.50037	-2.10402	-2.85988	
ep(no trend)	ADF	-2.89	-0.99477	-0.64603	-1.73554	-1.47164	
	WS	-2.55	-0.81802	-0.20266	-0.1412	-0.72952	
D(ep)	ADF	-2.89	-7.03794	-7.20516	-5.26033	-5.65051	
	WS	-2.55	-7.1604	-7.23498	-5.37818	-5.8517	
r(with trend)	ADF	-3.45	-1.84435	-3.51846	-1.90482	-2.73696	-4.88135
	WS	-3.24	-1.67168	-3.16016	-2.23441	-2.66574	-4.44516

续表

国内变量(X_t)	检验方法	5%临界值	中国	欧元区	日本	韩国	美国
r(no trend)	ADF	-2.89	-1.20613	-1.26191	-1.52644	-2.17618	-2.94429
	WS	-2.55	-1.59691	-1.32024	-1.01664	-0.96158	-1.50233
D(r)	ADF	-2.89	-6.07503	-4.39707	-4.19085	-8.17675	-6.79595
	WS	-2.55	-6.22925	-4.00881	-4.35314	-7.95589	-6.43705
lr(with trend)	ADF	-3.45		-3.01986	-2.26035	-3.77363	-3.25593
	WS	-3.24		-2.99801	-2.46907	-2.67874	-3.32834
lr(no trend)	ADF	-2.89		-1.17211	-1.95371	-3.01378	-1.26946
	WS	-2.55		-1.08205	-0.80958	-0.21243	-1.03623
D(lr)	ADF	-2.89		-5.47942	-5.92713	-4.47705	-6.41447
	WS	-2.55		-5.24929	-5.57698	-4.60071	-5.64432

注:相应变量名前加滞后算子 D(X)表明对变量 X 取一阶滞后。检验方法是 Augmented Dickey - Fuller(ADF)和 Weighted - Symmetric augmented Dickey - Fuller(WS)。

表 9.2 弱外生性变量的单位根检验结果

外国变量(X_t^*)	检验方法	5%临界值	中国	欧元区	日本	韩国	美国
y^* (with trend)	ADF	-3.45	-0.78816	-3.19875	-2.45412	-2.73197	-3.75394
	WS	-3.24	-1.17147	-3.47814	-2.63253	-2.93138	-3.87633
Y^* (no trend)	ADF	-2.89	-1.70833	-0.7372	-0.39035	-0.1993	-0.40145
	WS	-2.55	0.989096	0.643612	1.004885	1.560898	1.561005
D(y^*)	ADF	-2.89	-5.27553	-5.22064	-4.95789	-4.97415	-5.55132
	WS	-2.55	-5.36123	-5.07323	-5.01624	-5.16822	-5.75314
Dp^* (with trend)	ADF	-3.45	-3.25836	-2.76192	-2.72119	-2.39588	-2.60494
	WS	-3.24	-3.12746	-2.96143	-2.73421	-2.65374	-2.45866
Dp^* (no trend)	ADF	-2.89	-2.66985	-2.23226	-2.38906	-1.93593	-1.28893
	WS	-2.55	-1.56806	-1.80714	-1.52014	-1.74791	-1.50635
D(Dp^*)	ADF	-2.89	-7.38489	-6.8167	-7.88174	-7.55664	-7.32607
	WS	-2.55	-7.37207	-6.31855	-8.06606	-7.74074	-7.58421
eq^* (with trend)	ADF	-3.45	-2.28473	-2.11001	-2.30798	-2.16034	-2.97325
	WS	-3.24	-2.48407	-2.34466	-2.53812	-2.27953	-3.17513
eq^* (no trend)	ADF	-2.89	-1.65041	-1.48904	-1.23299	-1.83466	-1.43246
	WS	-2.55	-0.79839	-0.46655	-0.55185	-0.7322	-0.75464

续表

外国变量(X_t^*)	检验方法	5%临界值	中国	欧元区	日本	韩国	美国
D(eq*)	ADF	-2.89	-7.04644	-7.13373	-7.19851	-7.13406	-7.27363
	WS	-2.55	-7.17817	-7.23466	-7.3249	-7.27528	-7.42005
ep* (with trend)	ADF	-3.45	-1.87155	-2.39347	-1.64974	-1.73694	-1.86597
	WS	-3.24	-2.09489	-2.60013	-1.81032	-1.91737	-2.13595
ep* (no trend)	ADF	-2.89	-0.4841	0.053507	0.429894	0.501548	0.166712
	WS	-2.55	0.736483	0.739902	0.423757	0.747794	1.234798
D(ep*)	ADF	-2.89	-7.29099	-7.64561	-6.88791	-7.46108	-7.62951
	WS	-2.55	-7.40343	-7.63811	-6.87026	-7.57515	-7.69195
r* (with trend)	ADF	-3.45	-2.77187	-2.69757	-2.76859	-2.66413	-2.99775
	WS	-3.24	-2.43937	-1.88777	-2.40786	-1.71968	-1.02423
r* (no trend)	ADF	-2.89	-1.07356	-0.96357	-0.96893	-0.68215	-0.47546
	WS	-2.55	-1.33822	-1.3523	-1.21426	-1.11536	-1.01667
D(r*)	ADF	-2.89	-6.91687	-10.7067	-6.18889	-10.1141	-12.0015
	WS	-2.55	-6.84661	-10.8425	-6.01975	-10.1906	-12.1363
lr* (with trend)	ADF	-3.45	-2.75545	-3.36737	-3.1256	-2.78179	-3.29465
	WS	-3.24	-3.04372	-3.37049	-3.3455	-2.98092	-3.3707
lr* (no trend)	ADF	-2.89	-1.57756	-0.98689	-1.31508	-1.41187	-1.3327
	WS	-2.55	-0.45696	-0.52829	-0.62196	-0.98164	-1.00754
D(lr*)	ADF	-2.89	-6.17347	-5.59999	-6.46279	-5.61743	-4.82477
	WS	-2.55	-5.83461	-4.80423	-6.3239	-5.45381	-4.10299

注:相应变量名前加滞后算子 D(X)表明对变量 X 取一阶滞后。检验方法是 Augmented Dickey - Fuller(ADF)和 Weighted - Symmetric augmented Dickey - Fuller(WS)。

由平稳性检验结果可以看到,在 5% 的显著性水平上,上述变量都是 I(1)或 I(0)序列。

(2)弱外生性检验

本部分对各国模型中外国变量的弱外生性进行了 F 检验。

表 9.3 部分国家和地区外部变量的弱外生性检验结果

国家	F 检验	5% 临界值	y*	Dp*	eq*	r*	lr*	poil	ep*
加拿大	F(4,103)	2.46	1.36	1.40	0.37	1.45	0.54	2.16	
中国	F(1,110)	3.93	0.02	2.40	0.06	0.47	2.18	0.16	

续表

国家	F检验	5%临界值	y*	Dp*	eq*	r*	lr*	poil	ep*
欧元区	F(2,99)	3.09	0.19	1.65	0.85	1.18	2.38	0.48	
日本	F(3,104)	2.69	1.37	0.46	0.49	3.90	2.78	2.29	
韩国	F(4,103)	2.46	0.48	0.53	2.06	0.84	1.24	2.26	
英国	F(1,106)	3.93	0.85	2.13	0.02	0.58	0.16	0.72	
美国	F(2,105)	3.08	2.03	2.42					1.66

从主要国家外部变量的弱外生性检验结果可以看到，除少数变量外，绝大多数外国变量都满足弱外生性假设。① 其中，日本的短期和长期利率不满足弱外生性假设，部分原因可能是由于日本长期以来陷入流动性陷阱，其执行的零利率政策对外部经济波动无法做出相应反应。总体而言，可以接受模型国家外部变量的弱外生性假设。

9.5 实证研究

9.5.1 中国主要宏观经济变量对美国和欧元区国家经济冲击的脉冲响应分析

本部分模拟当美国和欧元区各国分别发生通货膨胀正冲击、GDP负冲击以及短期利率负冲击时，中国的通货膨胀、短期利率和GDP增长率的响应方式与响应程度，时期长度设定为40期。在实证研究过程中，使用一般化的脉冲响应函数（Generalized Impulse Response Function，GIRF）进行分析。

1. 对美国经济冲击的脉冲响应分析②

从上面脉冲响应分析结果可以看到，当美国通货膨胀发生一个标准差的正冲击后，中国通货膨胀当期上升约为0.07%，其影响在第2期就下降为0，在第4期下降约为-0.1%。随后开始回升，从第15期开始稳定在下降-0.02%的水平。同时，中国短期利率在美国通货膨胀正冲击后开始下降，从第12期开始稳定在下降0.06%的水平。中国的GDP从第5期开始稳定

① 限于篇幅，此处只给出主要国家和地区的检验结果。

② 脉冲响应分析是基于GVAR中值估计的结果，虚线是基于Bootstrap的90%置信区间。下同。

在下降 0.25% 的水平上。从分析结果可以看到,当美国通货膨胀发生正冲击后,对中国通货膨胀水平有正向传导效应,而且几乎没有滞后。但由于通货膨胀造成美国内需不振,影响其进口需求,进而造成中国来源于外贸出口收入的经济增长效应受到负面冲击,经济增速下降,虽然中国通过降低短期利率实行扩张的货币政策,但是也最终无法完全消除负向冲击产生的经济增速下滑。

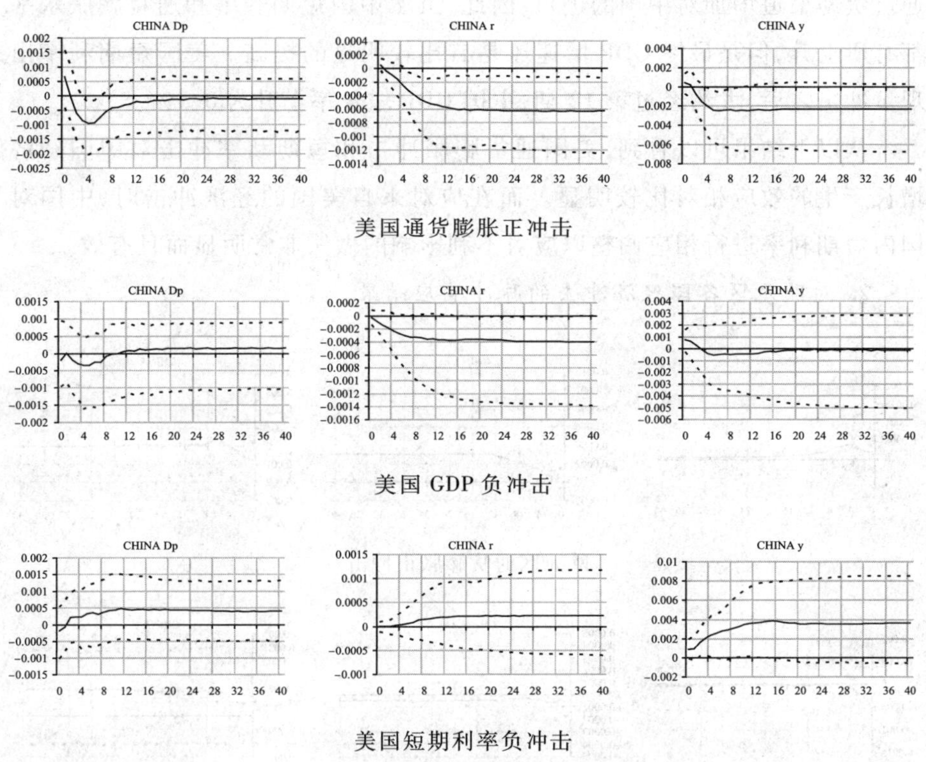

图 9.1　美国经济冲击的脉冲响应分析

当美国 GDP 增长率发生负冲击时,中国当期通货膨胀率出现下降,在冲击发生后的第 5 期降幅达到最大为 -0.03%,从第 11 期开始恢复为正。当美国 GDP 增长率出现负冲击时,中国短期利率稳步下降,从第 8 期开始稳定在下降 0.03% 的水平上。中国 GDP 增长的当期效应为正,但是幅度较低,第 3 期开始转负,随后稳定在较低的负值水平上。当美国 GDP 增长率发生负向冲击后,中国降低短期利率使用扩张性货币政策,在相当程度上抵销了不利影响。

当美国短期利率下降出现负冲击时，中国通货膨胀水平先是低程度的下降，随后转为正值，第 11 期之后稳定在上升 0.05% 的水平上。美国扩张性的货币政策在一定程度上还是抬高了中国的通货膨胀水平。中国短期利率在第 4 期之后开始上升，中国采取紧缩性货币政策应对输入型通货膨胀。但是，由于美国扩张性货币政策能够提高其经济增速，提振国内需求，因而通过贸易渠道增加对中国的进口，因此，虽然中国短期利率和通货膨胀水平都有所上升，但是最终 GDP 增速还是有比较明显的提高。美国短期利率出现负冲击之后，大约经过第 12 期，中国 GDP 增长率上升为 0.5%。

从以上结果可以看到，美国通货膨胀冲击和短期利率冲击对中国经济增长产生的效应相对比较明显。而在应对来自美国的经济冲击时，中国对国内短期利率进行相应调整以应对不利影响的做法非常明显而且有效。

2. 对欧元区各国经济冲击的脉冲响应结果

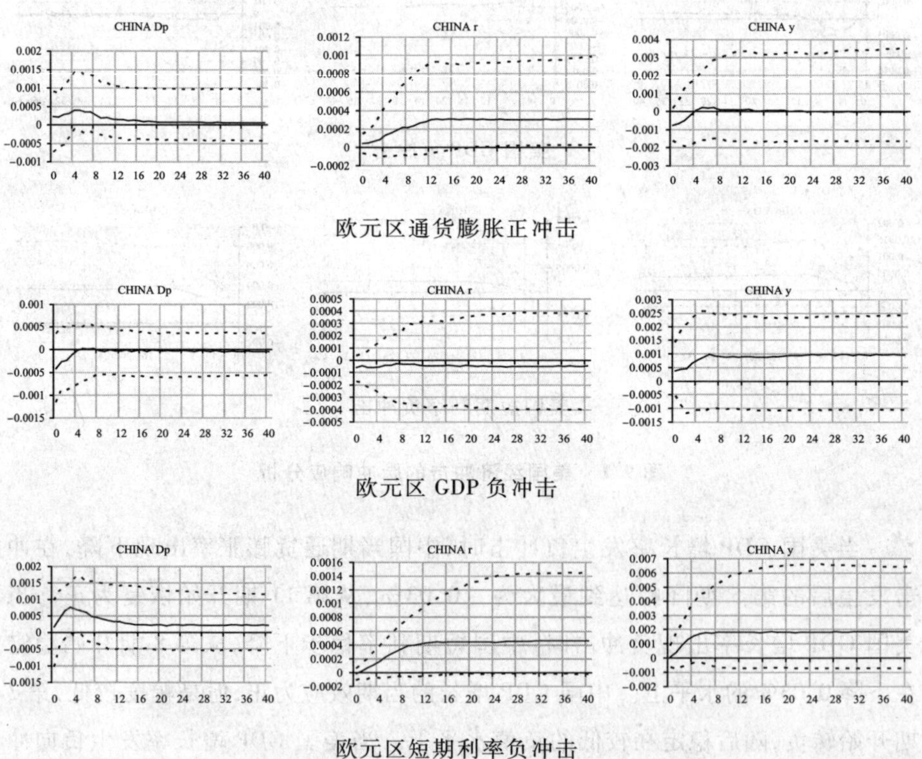

图 9.2 欧元区经济冲击的脉冲响应分析

当欧元区通货膨胀发生一个标准差的正冲击后,中国当期通货膨胀上升,在第4期达到上升0.04%的最高点,随后缓慢下降,其影响效应在第20期之后逐渐消失。中国短期利率稳步上升,最高点是在第12期之后达到的,约为0.03%。中国当期GDP增长率下降,但是随后开始上升,其影响作用在第4期之后逐渐消失。欧元区通货膨胀冲击对中国GDP增长率的作用并不明显。

当欧元区GDP增长率发生一个标准差的负冲击时,中国通货膨胀立即下降,当期即达到下降0.04%的最大值,随后从第5期开始恢复初始水平。中国短期利率有轻微下降,但是幅度非常小。但是中国GDP增长率出现了正增长。从第7期开始稳定在上升0.09%的水平上。可以看到,欧元区的GDP负冲击对中国GDP增长率没有产生显著的负面影响,相反,中国GDP增长率还有所上升。

当欧元区短期利率发生一个标准差的负冲击时,中国通货膨胀水平以较快的速度上升,在第3期即达到影响的最大幅度,即上升为0.08%,随后开始缓慢下降,从第16期开始稳定在0.02%的水平上。为应对通货膨胀上升,中国短期利率上升,从第10期开始稳定在提高0.04%的水平上。但是,即使如此,由于欧盟采取扩张性货币政策引发的进口需求仍然带动中国GDP增长率出现快速上升,从第6期开始稳定在提高0.18%的水平上。这表明欧元区扩张性货币政策对中国GDP增长具有显著的正面影响。

欧元区通货膨胀冲击和短期利率冲击都引发中国通货膨胀和短期利率上升,但是欧元区通货膨胀冲击对中国GDP增长率的影响作用不明显。而当欧元区各国实行扩张性货币政策降低短期利率时,中国GDP增长率还是有较为明显的上升。相比较而言,中国GDP增长率对欧元区通货膨胀和GDP增长率的不利影响具有更强的稳定性。

9.5.2 中国主要宏观经济变量对主要贸易伙伴共同经济冲击的脉冲响应分析

由于金融危机的发生往往具有全球性特征,主要贸易伙伴经济之间的关联度也非常强,因此,发生经济冲击时具有同步性特征。本部分来分析美国、欧元区、日本、韩国这四个中国主要贸易伙伴的经济波动及其相互作用机制对中国宏观经济产生的影响。

1. 对贸易伙伴共同 GDP 负冲击的脉冲响应

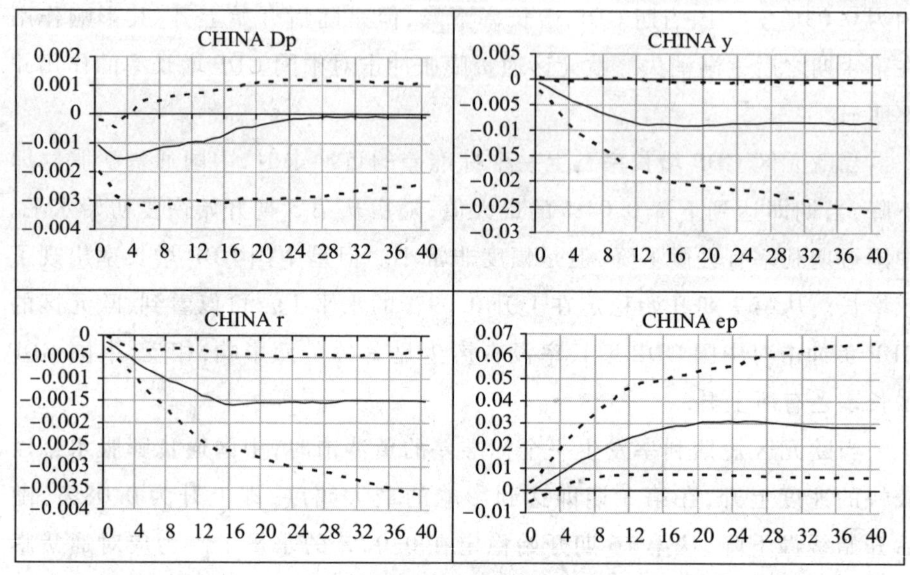

图 9.3 贸易伙伴 GDP 同时发生负向冲击的脉冲响应分析

可以看到，当主要贸易伙伴 GDP 同时发生一个标准差的负向冲击后，中国通货膨胀出现负向调整，当期调整幅度就达到 0.1 个百分点，并迅速在第 2 期达到 0.16 个百分点的最大调整幅度，但是随后出现回调，在第 28 期后影响效应趋于消失。中国短期利率出现负向调整以应对贸易伙伴的 GDP 同时负冲击，第 16 期后下降 0.15 个百分点。为应对贸易伙伴经济增长的不利变动，人民币汇率出现明显贬值趋势，最高贬值幅度达到 3 个百分点。在这些宏观经济变量的综合变化影响下，中国 GDP 增长率仍然出现了平稳下降的趋势，在第 12 期后达到最大值，下降约 0.9 个百分点。

从以上分析可以看到，当主要贸易伙伴同时发生不利的经济冲击时，中国宏观经济变量都做出了相应调整。中国短期利率下降，实行了扩张性货币政策，同时伴随着显著的汇率贬值政策，而通货膨胀水平也在最初出现下降后，经过政策调整逐渐恢复到初始水平。但是，中国 GDP 增长率还是出现了下降。这表明贸易伙伴国经济增长负冲击最终还是对中国宏观经济增长产生了较为显著的不利影响。

2. 对主要贸易伙伴通货膨胀正冲击的响应

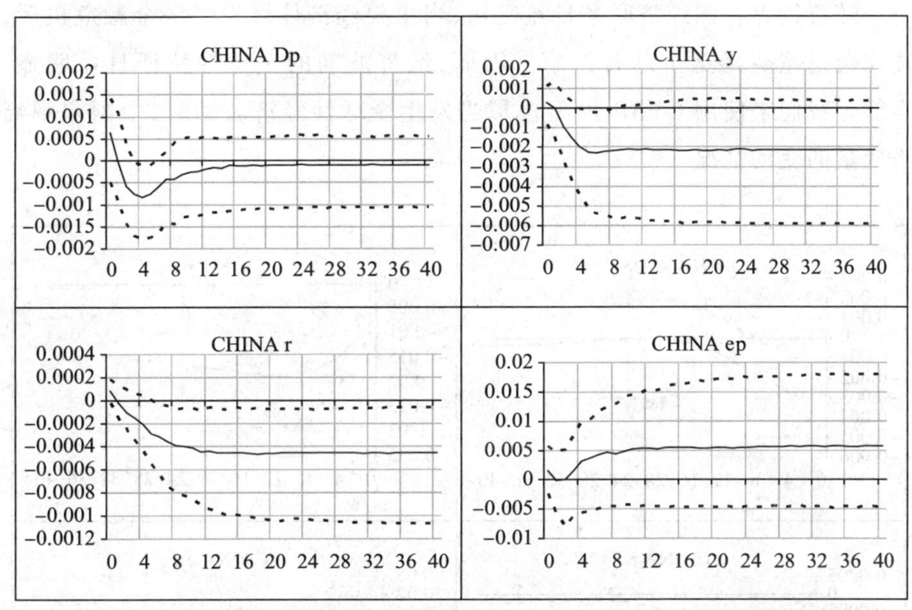

图 9.4 贸易伙伴通货膨胀同时发生正向冲击的脉冲响应分析

当出现全球性的经济冲击或金融危机时,各国通常会采取扩张性货币政策加以应对,而这往往会造成通货膨胀水平上升的后果。基于这一考虑,这里我们模拟当中国主要贸易伙伴通货膨胀水平发生同时正向冲击时,对中国宏观经济变量会产生何种影响。

假定主要贸易伙伴的通货膨胀水平同时发生一个标准差的正冲击,则中国通货膨胀也出现长期的正向调整,其当期即上升 0.06 个百分点,随后很快出现回调并转为负值,最终在第 12 期之后稳定在下降 0.02% 的水平上。同时,中国短期利率明显下降,从初期的略有上升逐渐转为第 10 期之后下降约为 0.05% 的水平上。货币也出现贬值调整,经过第 8 期后稳定在贬值 0.5% 的水平上。即便如此,最终中国经济增长仍然出现负向调整,GDP 增长率有所下降,大约在第 5 期之后稳定在下降 0.2% 的水平上。显然,贸易伙伴通货膨胀上升对中国经济增长仍然具有相当程度的负面影响,其综合效应是中国通货膨胀下降,短期利率下降以扩张货币政策,本币贬值以促进出口,但是最终经济增长率仍受到较为显著的负面影响。

9.5.3 中国宏观经济变动对全球性经济冲击的脉冲响应分析

随着世界各国经济联系日益密切,当主要经济体爆发经济金融危机后,往往会迅速蔓延至全球各国家。因而,经济波动的全球性特征日益明显。本部分我们来使用 GVAR 模型模拟当发生全球性经济波动时,中国宏观经济变量的变动情况。

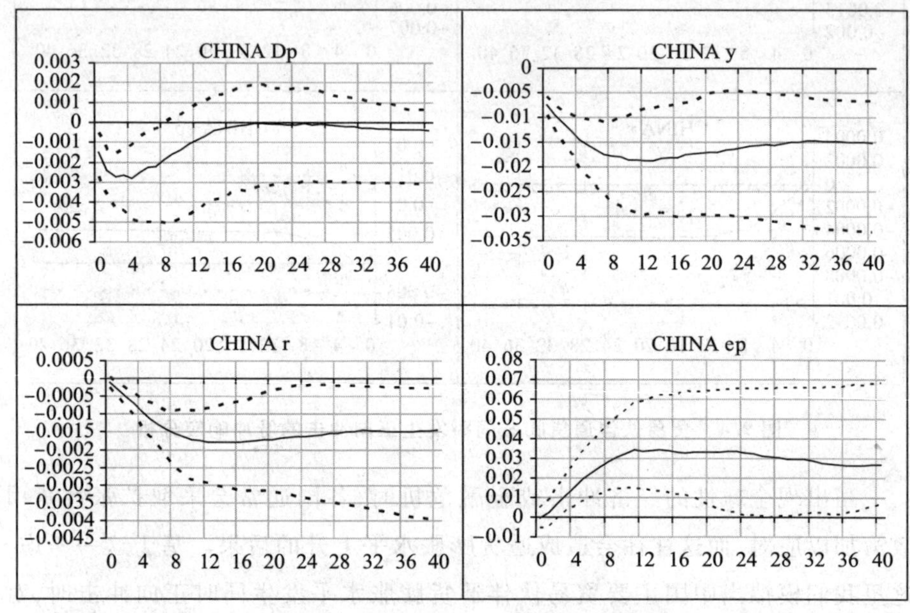

图 9.5 世界主要国家 GDP 同时发生负向冲击的脉冲响应分析

当发生全球性 GDP 负向冲击时,中国宏观经济整体受到的冲击还是十分明显的。在冲击发生的第 1 期通货膨胀就下降为 0.15%,在第 4 期达到最大降幅,下降为 0.28%,随后缓慢回升,从第 16 期开始趋于稳定。中国短期利率迅速下降,在第 9 期达到最高值,即下降为 0.18%。人民币汇率的最大贬值幅度为 3.4%。中国 GDP 下降也十分迅速,在第 10 期达到最高降幅,下降为 1.9%,并随后有小幅回升,最终下降为 1.5%。显然,全球性经济冲击对中国宏观经济运行产生了明显而且较为迅速的影响。在应对冲击时,只使用扩张性的货币政策和货币贬值的政策不能有效缓解实体经济冲击的负面影响。当发生全球性经济增长的负向冲击时,中国还需要寻找更加有效的政策来应对。比如,通过扩张性的财政政策增加供给,或通过增加居民收入水平来刺激内需;等等。

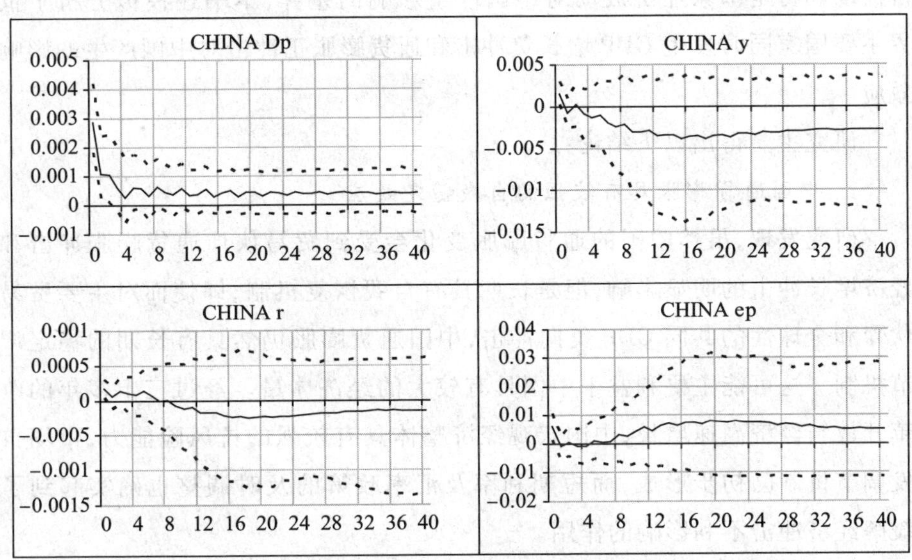

图 9.6 全球通货膨胀同时发生正向冲击的脉冲响应分析

在危机期间,各国纷纷执行宽松的财政货币政策来刺激经济恢复。但是,随之而来的通货膨胀也会形成全球性传染机制。当发生全球性通货膨胀冲击时,中国通货膨胀迅速上升,当期即上升为 0.3%,随后迅速下降,从第 4 期之后趋于稳定。为应对输入型通货膨胀的影响,中国短期利率迅速上升,但从第 8 期开始转为下降。人民币汇率经过第 8 期的稳定之后转为升值。全球性通货膨胀对中国经济增长率的总体影响为负,大约在第 16 期之后达到最大降幅,下降约 0.4 个百分点。当面对全球性通货膨胀风险时,中国整体上采取的应对政策是保持宏观政策稳定,而这样做也在相当大程度上缓解了对 GDP 增长率的负向冲击。

9.6 结论与政策建议

本章使用全球向量自回归模型(GVAR)研究了中国主要贸易伙伴以及全球性宏观经济波动对中国的影响效应。在建立 GVAR 模型之后,分别模拟分析了美国和欧元区GDP增长率负冲击、通货膨胀正冲击以及短期利率负冲击对中国宏观经济变量产生的影响效应。为进一步对比分析全球性经济波动和特定国家经济波动对中国产生影响的差异，本书还模拟分析了世界主要国家同时发生GDP增长负冲击和通货膨胀正冲击对中国产生的影响效应。

研究主要得出以下结论：

1. 中国通货膨胀具有较强的自我稳定效应

研究发现，虽然中国的通货膨胀变化会受到贸易伙伴通货膨胀冲击和经济增长冲击的明显影响，但是长期具有自我恢复机制，即使面对主要贸易伙伴和全球性的共同GDP负向冲击，中国通货膨胀仍然具有长期的稳定调节机制。这可能主要利益于中国具有较大的经济体量。经过三十多年的改革开放与经济高速增长，中国宏观经济整体具有较强的抗风险能力，市场自发调节机制已初步形成，而短期利率及汇率政策的及时调整也确实起到了缓解经济冲击不利影响的作用。

2. 扩张性货币政策和汇率贬值政策是目前中国应对外部冲击的主要政策工具

实证研究表明，在应对贸易伙伴不利的经济冲击时，中国较为显著地应用了扩张性货币政策与人民币汇率对美元贬值的调整政策。过度使用扩张性的货币政策容易引发通货膨胀风险，而由中央银行实行的强制结售汇制度虽然提供了汇率政策调节经济运行的工具，但是同时也通过外汇储备的持续增长积累了较大的外部风险。目前这两个政策的有效调整空间都在不断缩小。随着中国宏观经济与世界经济融合速度进一步提高，政策当局必须探索更加有效的宏观经济调控手段，比如，放松资本项目限制，真正形成市场引导下的宏观经济自发调整机制；扩大汇率波动幅度，建立真正由市场决定的汇率调节机制，建立以市场经营主体的自动调整来应对外部冲击的调节机制。

3. 对来源于不同地区的经济冲击应该采取不同的应对措施

基于美国和欧元区各国经济冲击进行的模拟分析表明，当中国面对来自于不同经济体或不同层次的经济冲击时，主要宏观经济变量的响应方式和反应程度都是存在差异的。而在现实当中，不同国家和地区发生经济波动的时间也是存在差异的。比如，在2008年美国次贷危机引发金融危机的初期，经济波动主要来源于美国。而在一年以后，欧洲债务危机导致的欧元区经济波动才逐渐出现并影响中国，但同时美国也仍未走出危机影响。因此，对于来自于不同经济体的宏观经济冲击以及不同的危机时段，应该采取不同的应对措施。

4. 当外部环境发生集体性的不利变化时，中国宏观经济受到较大幅度的负向冲击

本书的实证分析还表明，当中国主要贸易伙伴 GDP 增长率同时发生负向冲击时，其对中国经济增长、短期利率以及汇率的影响效应是比较显著的。就其影响速度来看，贸易伙伴 GDP 负向冲击最先影响的是中国的通货膨胀，其次是 GDP 下降速度，中国短期利率和汇率的变化速度比较接近，大约都是在第 16 期后达到最高点。相比较而言，主要贸易伙伴通货膨胀冲击影响中国经济运行的速度要快于经济增长冲击。全球性经济冲击影响中国经济运行的速度要快于贸易伙伴的共同经济冲击。而全球性通货膨胀冲击对中国经济运行的影响作用明显要比经济增长冲击低很多。

由这些分析结果可以看到，中国宏观经济体量越来越大，在内部宏观经济政策的作用下，具有一定程度的自我调节机制。主要贸易伙伴单独的宏观经济波动与其共同的经济波动对中国宏观经济变量都具有一定程度的影响作用。因此，我国宏观经济政策的制定需要重视外部经济冲击的影响效应。而与此同时，政策制定过程更加需要考虑我国经济的自我稳定机制。在合理评估外部冲击的作用机制和作用程度的基础上调节宏观经济政策。在应对来自不同层面、不同国家、不同程度的外部经济冲击时，需要在详细分析的基础上制定相应的政策。通过增加金融市场体量、培育多样化市场主体、提高市场对政策的灵敏度等措施，不断提升经济政策的灵活性与针对性。

9.7 第九章研究附录

附表 1 主要国家(地区)贸易往来权重 %

国家	中国	欧元区	日本	韩国	美国
阿根廷	10.32	17.69	2.09	1.41	14.03

续表

国家	中国	欧元区	日本	韩国	美国
澳大利亚	14.91	12.77	16.82	6.26	12.7
巴西	9.08	24.65	4.47	2.73	23.63
加拿大	5.04	5.62	3.14	1.1	74.22
中国	0	17.26	18.72	11.28	21.66
智利	12.46	20.57	9.35	4.89	17.9
欧元区	10.9	0	5.73	2.59	18.8
印度	12.83	22.57	4.46	4.27	17.42
印度尼西亚	10.37	10.21	19.62	7.02	10.68
日本	21.6	12.01	0	8.05	23.15
韩国	23.78	11.25	16.8	0	17.32
马来西亚	10.97	10.4	13.41	5.01	18.56
墨西哥	4.89	6.91	3.36	2.12	72.56
挪威	3.07	45.41	1.98	1.04	7.09
新西兰	9.87	12.64	12.01	3.72	14.03
秘鲁	11.83	16.67	5.35	3.02	28.59
菲律宾	10.12	12.12	19.75	5.76	21.66
南非	8.85	33.42	10.58	2.6	11.94
沙特阿拉伯	8.96	19.01	17.43	9.73	19.87
新加坡	12.18	10.06	9.28	4.97	14.52
瑞典	3.49	53.98	2.41	0.94	8.95
瑞士	2.52	68.54	3.19	0.76	9.77
泰国	11.87	10.56	22.33	3.68	14.55
土耳其	6.65	54.19	2.57	2.61	8.42
英国	4.69	53.51	3.25	1.24	14.91
美国	13.92	15.38	9.09	3.46	0

第十章 CHAPTER 10 世界经济冲击与中国外贸波动：基于GVAR模型的实证研究

10.1 引 言

外贸出口一直是中国外向型经济发展的重要支柱。然而，长期以来，国际社会对于中国鼓励出口的政策一直存在诟病。而每当世界经济发生不利变化时，中国的外贸增长也会出现较大幅度的波动。2013 年下半年以来，各界越来越关注美联储退出 QE 政策的步伐及其幅度。由于国际资本可能退出新兴经济体，投资下降的预期将大大制约这些国家的外贸增长。另外，美联储之所以退出 QE 政策，部分原因是由于其认为美国经济已经出现复苏迹象，而美国的复苏将增大对中国出口的需求。与此同时，欧盟的经济复苏一直疲弱，日本经济也未见好转。那么，发达国家的宏观经济波动到底对中国的外贸出口会造成什么样的冲击效应？人民币汇率波动是否抑制了外部的负向冲击？本书认为，发达国家之间宏观经济波动具有较强的同步性和传染性，任何一个国家的经济波动都会通过世界各国之间的相互影响，对中国外贸发展产生直接或间接的作用。因此，在衡量外部冲击的影响效应时，需要在一个包含更加广泛的数据范围的分析框架内进行探讨。

本部分使用 GVAR 模型方法，通过对世界主要经济体构建一个增广的向量自回归模型,来分析主要发达经济体宏观经济波动对中国外贸进出口产生的影响。在第九章中已经介绍过,GVAR 是一个使用向量误差修正模型将各国之间经济波动相互联系的多国 VAR 模型。根据考虑的变量覆盖的范围,GVAR 可以同时考虑多种经济冲击的跨国传导渠道。既包括对外贸易渠道,也包括相当多的金融传导渠道,如汇率、利率以及资产价格。

10.2 相关文献回顾

经济冲击的国际传导途径及其机制是最早受到国际经济学界关注的问题之一。虽然结论不尽相同,但是大多数研究认为,随着经济一体化程度不断加深,各国之间经济波动的相关性不断增强,主要发达国家的经济波动对其他国家产生的影响越来越明显。Dees 和 Vansteenkiste(2007)实证检验了美国经济波动对其他国家产生的影响效应。Fidrmuc 和 Korhonen(2010)研究了国际金融危机环境下 OECD 国家经济波动对中国及印度的传导效应。在经济冲击对外贸产生影响的实证研究方面,Prasad(1999)分析了贸易差额对不同类型宏观经济冲击的动态响应,认为名义冲击是 G7 国家贸易差额预测误差方差的重要决定因素。Kim(2001)使用 VAR 模型研究了美国货币政策冲击的国际传导机制。研究发现美国的扩张性货币政策冲击导致除美国以外的 G6 国经济正向波动,世界实际利率的下降是重要的渠道。此外,美国扩张性货币政策冲击会恶化美国的贸易差额,但是一年之后开始改善。

国内学者也在经济冲击的国际传导机制方面进行了有益的探索。石红莲(2010)定性分析了 2008 年以来国际金融危机的国际贸易传导机制及金融危机对我国对外贸易产生的影响。余振等人(2015)基于 FAVAR 模型分析了美国退出 QE 对中美两国金融市场的影响。国内学者的相关研究大多集中于美国经济波动对我国宏观产生的影响方面,而比较缺乏专门研究发达经济体宏观经济波动对中国外贸产生效应的定量分析。本文的边际贡献主要在于应用包含世界大多数主要经济体的 GVAR 模型,实证分析了主要发达国家宏观经济冲击对中国外贸发展产生的影响效应。关于 GVAR 模型方法的说明,可以参见本书第九章中的相关内容。

10.3 数据处理与模型设定

10.3.1 数据处理

本章实证研究过程中,在 GVAR 模型中包含的变量主要有实际产出(y)、通货膨胀率(Dp)、实际资产价格(eq)、实际汇率(ep)、短期利率(r)和长期利率(lr)、石油价格指数(poil)以及外贸进出口波动。其中,除外贸进出口波动变量以外,其余变量的处理方法都可参见第九章中相关说明内容。

为分析发达经济体宏观经济变量波动的冲击效应,我们在模型中添加了外贸进出口增长率变量,分别使用 im 和 ex 表示各国进口和出口增长率。该数据取自 IMF 的进出口指数,对其进行季节调整后取对数处理。

在 GVAR 模型中,对于除美国以外的所有国家和地区,内生变量包括 y,Dp,ep,eq,r,im,ex 和 lr,而弱外生性变量包括 y^*,Dp^*,eq^*,r^*,lr^*,im^*,ex^*与 poil。而对美国而言,内生变量包括 y,Dp,eq,r,lr,im,ex 以及 poil,弱外生性变量只包括 y^*,Dp^*,im^*,ex^*以及 ep^*。

10.3.2 模型设定

1. 单位根检验

为节省篇幅,本书省略了单位根检测结果。检验结果表明,在 5% 的显著性水平上,上述变量都是 I(1)或 I(0)序列。

2. 弱外生性检验

由于弱外生性 F 检验的大多数结果都与第九章中相关内容一致,因此,本表只给出了新添加的进出口波动变量的检验结果。

表 10.1 弱外生性检验结果

	F 检验	5% 临界值	im^*	ex^*
中国	F(3,102)	2.6937	0.6483	0.4730
欧元区	F(3,98)	2.6974	2.6278	2.1282
印度	F(3,100)	2.6955	0.1431	0.1943
日本	F(2,99)	3.088	0.0430	1.1357
英国	F(2,107)	3.0812	0.8890	0.4279
美国	F(2,102)	3.0855	0.2865	0.0228

显然,各国模型中外国外贸进出口波动变量也都通过了弱外生性检验。

3. 外国变量对相应国内变量的即期影响效应

表2显示了系统得出的外国变量对一国相应国内变量的即期影响系数。它可以看作为国内外同一变量之间的影响弹性。使用该估计结果可以使我们分辨出国内外变量之间联系渠道的相对重要性。

表10.2 外国变量对相应国内变量的即期影响系数

国家	统计量	y	Dp	eq	r	lr	im	ex
中国	即期系数	0.597482	0.456277		0.017495		0.152904	0.658572
	t值	2.671246	2.049224		0.582396		0.389272	2.177886
欧元区	即期系数	0.584174	0.255907	1.085482	0.052008	0.664708	0.51477	0.882236
	t值	6.772439	4.898874	22.78851	2.306609	10.36501	2.518353	3.924862
印度	即期系数	-0.23518	0.371283	0.675582	-0.02767		0.811928	0.754894
	t值	-1.11555	1.364553	3.870176	-0.53463		2.04752	2.289874
日本	即期系数	0.488681	-0.01763	0.72442	-0.03677	0.511303	0.258774	0.64873
	t值	2.342644	-0.19177	7.540779	-0.85994	5.862452	1.711565	3.621605
英国	即期系数	0.891798	0.7718	0.837533	0.176791	0.741713	-0.10052	0.556462
	t值	6.588778	6.005044	18.31167	1.937138	7.437859	-0.47707	2.250729
美国	即期系数	0.668333	0.198585				0.101713	0.028646
	t值	4.240508	2.963496				0.93041	0.301575

从表中结果可以看到,外国实际产出提高1%,当季度即可使中国实际产出水平上升约为0.6%。就进出口增长率而言,大多数国家的出口增长率都受其相应外国变量的影响。但是美国的进出口增长率受其外国变量影响的系数在统计上不显著,中国进口增长率系数也不显著。这说明进口主要是由其国内需求决定,而外部需求的变化对进口的影响不明显。在我们给出的结果中,欧元区资产价格变量对外部变量的弹性高于。这说明欧元区证券市场对外部资产市场波动存在过度反应现象。

10.4 实证分析

本部分使用上述设定的GVAR模型来分析美国、欧元区、日本宏观经济变量的波动对中国外贸进出口的影响效应。分别模拟这些国家和地区国民收入发生负冲击、短期利率发生正冲击、长期利率发生正冲击、通货膨胀发生正冲击的情况下,中国外贸进出口增长率受到的冲击效应。由于长期以来人民币汇率调整一直被外界看作是中国外贸增长的重要工具,因此,在进行脉冲响应分析时,同时考虑了人民币汇率的变动情况。

10.4.1 美国经济冲击对中国外贸发展的影响效应

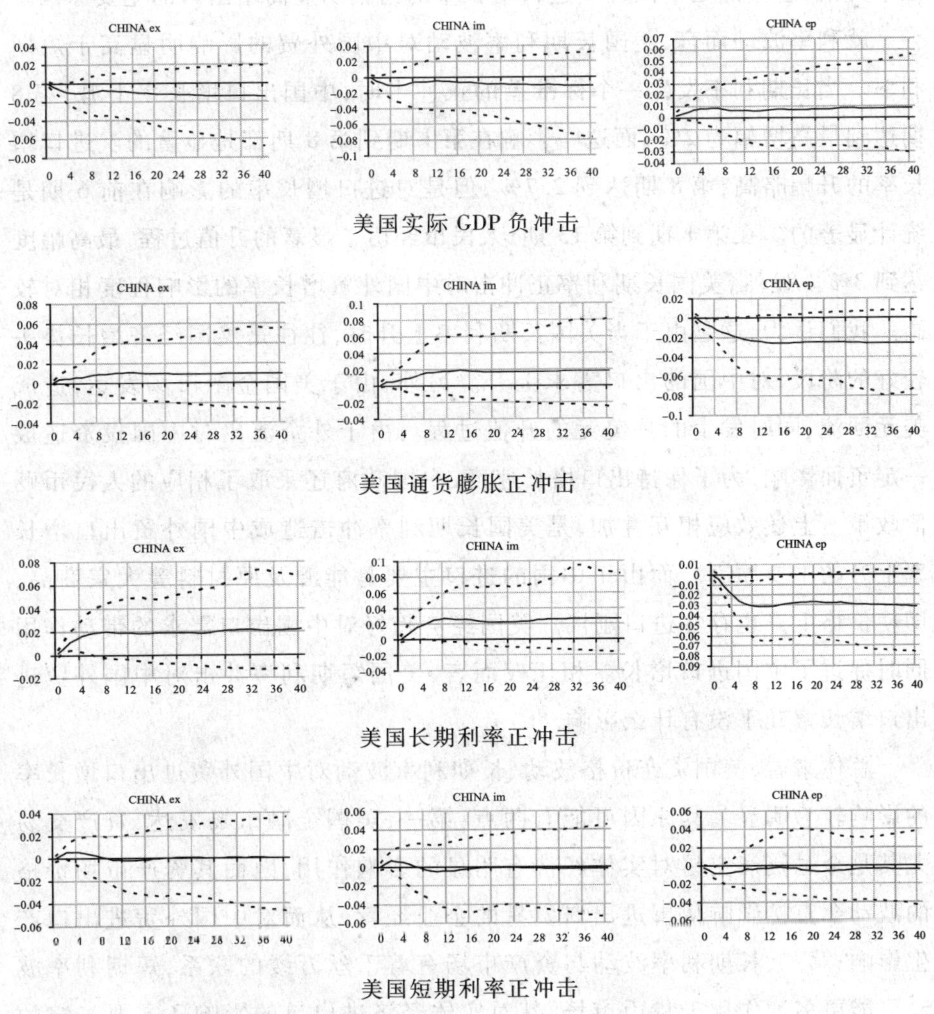

图10.1 美国宏观经济变量的脉冲响应分析

美国 GDP 负冲击对中国外贸进出口增长率的影响没有预想的程度大。当美国 GDP 发生负冲击时,中国出口增长率下降,其影响速度非常快,在第 4 期即下降为 1%,而这一负面影响在冲击发生的第 2 期到第 4 期都是统计显著的。虽然美国 GDP 负冲击对中国进口增长率也有负面影响,但是其显著性程度并不高。而当负冲击发生后,人民币汇率出现正向调整,即发生贬值。美国通货膨胀发生正冲击时,中国进出口增长率都有上升,同时人民币汇率升值,这可能是中国外贸进口增长率的增幅明显高于出口的主要原因。

就利率波动而言,美国长期利率波动对中国外贸的影响明显高于短期利率。当长期利率发生一个标准差的正冲击时,中国出口增长率上升,第 8 期达到最高增幅为 2%,而这一影响在第 1 期到第 8 期都是显著的。进口增长率的升幅略高,第 8 期达到 2.7%,但是对进口增长率的影响在前 6 期是统计显著的。在第 1 期到第 13 期,人民币经历了显著的升值过程,最高幅度达到 3%。显然,美国长期利率正冲击对中国外贸增长率的影响程度相对较高。我们认为,这是由于当美国长期利率上升时,往往是美国经济增长势头较好的阶段,对中国的出口需求上升。另外,由于美国金融市场发达,造成美元回流,同时发生的是美元的升值过程。由于外资流出对中国投资造成一定负面影响,为了保持出口增长速度,中国政府还采取了相应的人民币贬值政策。上述效应相互叠加,是美国长期利率冲击造成中国外贸出口增长率上升的主要原因。而由于中国的进口主要是能源及原材料等大宗商品,即使价格上升也存在进口刚性。美国经济趋好对中国出口需求的带动作用同时促进了中国进口增长。相比较而言,美国短期利率冲击对中国外贸进出口增长率几乎没有什么影响。

总体来看,美国资产价格波动、长期利率波动对中国外贸进出口增长率的影响较为明显。其原因可能有两点:第一,美国金融市场发达,资产交易尤其是金融资产交易对实体经济有明显的影响作用,因而其资产市场价格的波动会直接影响从事进出口贸易的企业经营,从而对中国外贸进出口产生影响;第二,长期利率波动与资产市场有着千丝万缕的联系,短期利率波动可能更多地作用于货币市场,其对实体经济进出口的影响还需要一定的传导渠道,因而短期利率波动对外贸增长率的作用不明显,而长期利率波动也会通过影响企业融资成本、经营成本等方式作用于外贸进出口。

10.4.2 欧元区经济冲击对中国外贸发展的影响效应

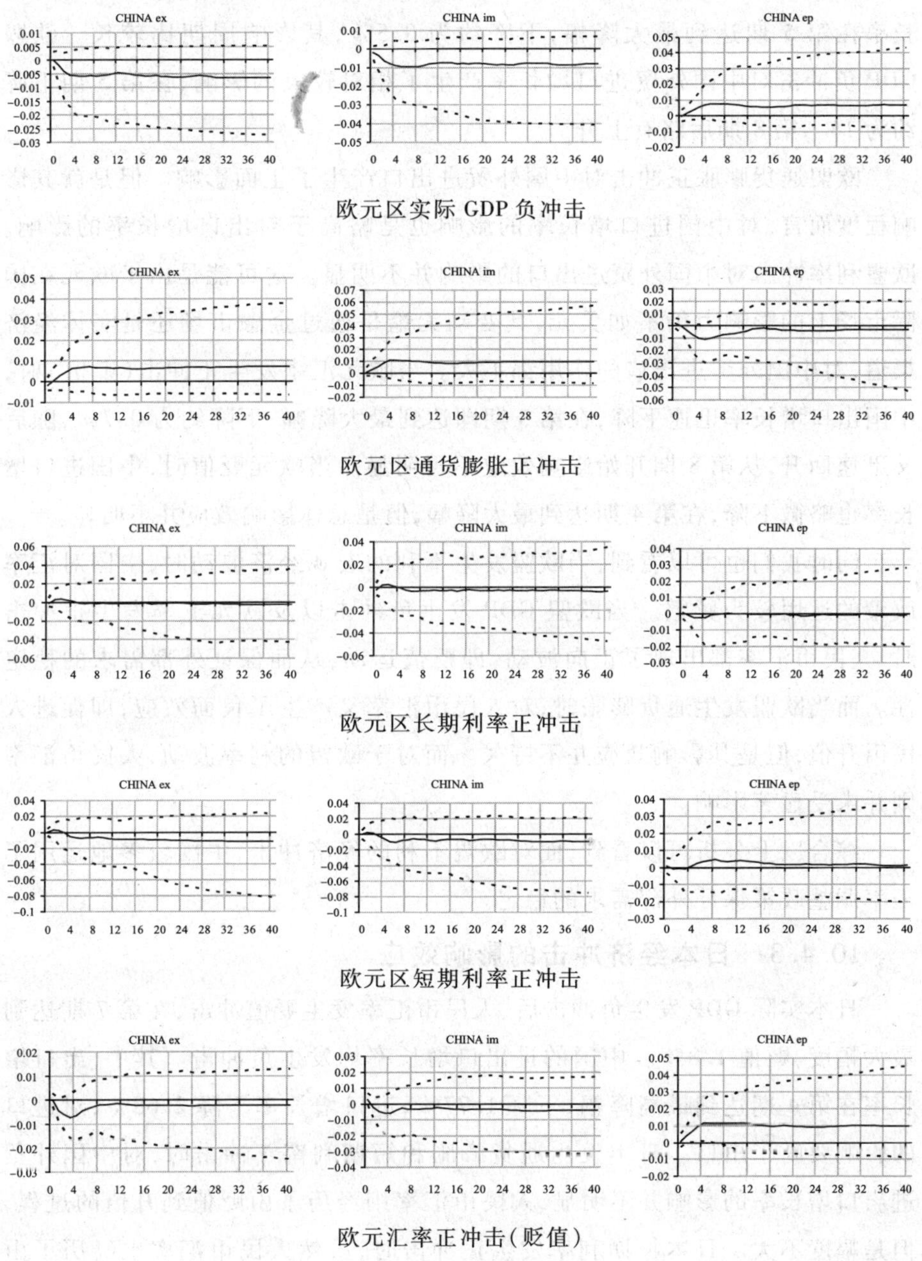

图10.2 欧元区宏观经济变量的脉冲响应分析

欧元区 GDP 负冲击对中国进出口都产生了负面影响,但其影响程度显然低于美国经济变量冲击的影响。当欧盟 GDP 发生负冲击时,中国出口增长率在第 5 期达到最大降幅,下降约为 0.5%,其影响周期比较长。欧盟 GDP 负冲击对中国外贸进口增长率产生了相对较大的影响,在第 5 期下降约为 1%,第 8 期后略有上升。

欧盟通货膨胀正冲击对中国外贸进出口产生了正面影响。但是就其影响程度而言,对中国进口增长率的影响也是略高于对出口增长率的影响。欧盟利率冲击对中国外贸进出口的影响并不明显。这可能是由于欧元在国际市场上的影响力仍不如美元,其变动无论是通过金融市场还是实体经济渠道,对中国外贸进出口的作用都不大。当欧元汇率发生正冲击(贬值)时,中国出口增长率迅速下降,在第 3 期即达到最大降幅,下降约为 0.7%,随后又迅速回升,从第 8 期开始影响效应不再明显。当欧元贬值时,中国进口增长率也略微下降,在第 4 期达到最大降幅,但是总体影响效应并不明显。

同时我们也可以看到,当欧盟发生不利的宏观经济波动时,中国对汇率政策的运用较为频繁。当欧盟 GDP 发生负冲击以及欧元汇率发生正冲击时,人民币汇率都出现了正向波动,即贬值运动,从而保证外部需求的稳定性。而当欧盟发生通货膨胀时,对人民币汇率又产生了负面效应,即促进人民币升值,但是其影响效应并不持久。而对于欧盟的利率波动,人民币汇率则并未受显著影响。

综合以上分析可以看到,面对欧盟不利的经济冲击,中国较多地运用了汇率调整政策保证外部需求的稳定。

10.4.3 日本经济冲击的影响效应

日本实际 GDP 发生负冲击后,人民币汇率发生贬值冲击,在第 7 期达到最大幅度,贬值 1.8%。中国的进出口增长率均发生负冲击。其中,出口增长率在第 4 期达到最高降幅,下降 1.77%,进口增长率下降 2.68%,对进口的影响要高于出口。日本发生通货膨胀和短期利率正冲击时,对中国外贸进出口增长率的影响并不明显,人民币汇率则经历了由贬值到升值的过程,但是幅度不大。日本长期利率发生正冲击时,虽然人民币汇率也经历了由贬值到升值的过程,但是外贸进出口增长率的变动幅度要高于通货膨胀和短期利率的影响。日元汇率正冲击对中国外贸增长率产生的影响与短期利率和通货膨胀冲击的影响效果类似。

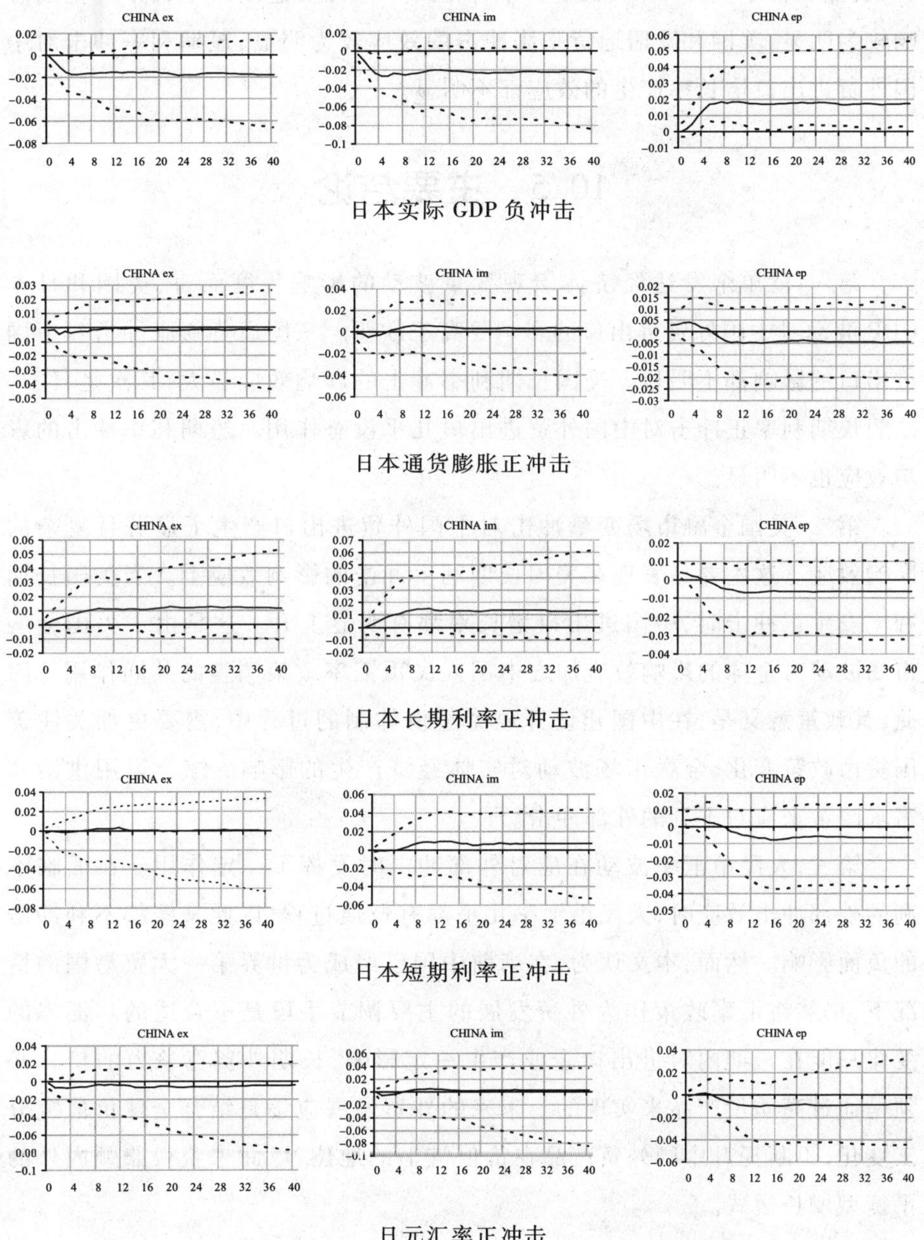

图 10.3 日本宏观经济变量的脉冲响应分析

由以上分析可以看到,对于美欧日单一经济体的宏观经济波动冲击而言,美国和日本实际GDP、长期利率冲击对中国外贸进出口增长率产生的影响较为明显,美国和欧盟通货膨胀冲击的效应较为明显,短期利率冲击对中国外贸进出口增长率产生的效应都不明显。

10.5 主要结论

第一,就单个发达经济体宏观变量波动的影响程度而言,美国和日本GDP波动对中国外贸进出口的影响要高于欧盟。三国通货膨胀冲击对中国进出口的影响都不明显。美国长期利率冲击的影响效应最大,其次是日本,欧盟长期利率正冲击对中国外贸进出口几乎没有作用。短期利率冲击的影响效应也不明显。

第二,美国金融市场变量冲击对中国外贸进出口产生了显著且复杂的影响效应。这主要是表现在美国长期利率冲击的影响效应上。当美国长期利率发生正冲击时,中国进出口增长率都有明显上升。这是由于美国金融市场波动对全球的影响效应加之中国人民币汇率政策调整的共同作用。因此,其政策意义是,在中国建设开放型经济体制的过程中,需要更加关注美国货币政策变化、金融市场波动对实体经济产生的影响。综合运用供给和需求政策来应对不利的外部冲击。

第三,人民币汇率波动在应对外部冲击时发挥了一定作用。在面临不利的外部冲击效应时,人民币汇率几乎都有贬值过程,以此来缓解不利冲击的负面影响。然而,本文认为,在当前中国已经成为世界第一大贸易国的情况下,仍然将汇率政策作为外贸发展的主要调节手段是不合适的。汇率的变化只能在短期内对进出口企业产生一定影响,长期外贸竞争力的培育必须是通过高质量产品来实现的。未来的外贸发展应该是结合全球价值链分工变化,不断提升中国外贸产品在价值链上的地位,以此来获得兼顾内外的平衡型增长模式。

第四,中国经济结构调整可能会对外贸发展产生长远影响。由以上的分析可以看到,外贸进出口增长率的波动具有相当程度的同步性。本文认为,这是由于长期以来我国形成了以加工贸易为主的贸易结构,出口需求上升必然带动进口增长。但是，在美国金融危机之后，尤其是党的十八大以来，党和国家提出建设开放型经济新体制的规划和要求，而近期加工贸易出口增长率也开始落后于一般贸易，这些都是未来外贸结构发生变化的重要信号。在一般贸易为主的外贸结构下，外部经济波动的传导效应会更加明显。这将为未来的宏观经济调控带来更大挑战。

第十一章 研究的基本结论与政策建议

CHAPTER 11

虽然中国于 2005 年 7 月正式进行了第二次汇率改革,并于 2015 年 8 月 11 日宣布改革人民币兑美元中间价的形成机制,人民币汇率市场化的信号不断增强。但是一直以来人民币汇率波动与贸易发展之间存在显著的脱节现象,一方面是人民币不断升值的趋势,另一方面是外贸顺差不断积累的现实,因而,在汇率制度不变化调整的过程中,剖析汇率调整与中国外贸差额变化之间的关系,并在此基础上分析外部经济波动对中国宏观经济运行产生的影响作用,是未来中国经济结构调整、建设开放型经济新体制需要重点研究的问题。

11.1 本书研究的基本结论

本书分别基于汇率波动的传递效应、汇率波动对主要贸易伙伴国的贸易差额调整效应、金融发展对分类商品外贸竞争力的影响、服务贸易发展的主要影响因素等视角实证分析了中国外贸调整的主要影响因素,并在此基础上基于多国向量自回归模型探讨了世界主要经济体经济冲击对中国宏观经济运行的影响机制。

通过实证研究及机制分析,本书认为,整体来看我国对外贸易增速较快，特别是加入 WTO 之后，外贸进出口增速有了显著提升。但是，在 2008 年美国金融危机爆发并引发世界性经济衰退之后，我国外贸持续增长趋势中断，特别是进入 2015 年，外贸进出口均出现负增长局面，对整体经济增长也产生了较大压力。

基于汇率波动与贸易差额调整的实证研究也表明，虽然汇率波动对某些贸易伙伴国与中国双边贸易差额调整有一定作用，但是汇率波动对我国贸易顺差调整总体来看作用是不显著的，影响贸易差额变动的仍然主要是实体经济因素。但是，我们应该看到，当前我国正在大力推进人民币汇率管理制度改革，人民币汇率的浮动区间也在不断加大，在人民币成为 SDR 篮子货币之后，汇率制度调整的幅度还会更显著，因而，未来人民币汇率波动会成为影响外贸差额调整的重要因素。

在开放经济领域除了波动幅度加大的人民币汇率应该成为研究的主题，外部经济冲击对我国宏观经济运行的影响机制也应该成为学术界关注的重要内容。随着我国持续推进开放型经济新体制建设，外部经济波动特别是与我国有着密切贸易投资关系的发达国家宏观经济变量的波动，会通过各种渠道作用于我国宏观经济运行，这对于制定合理有效的宏观调控政策带来较大的挑战。

11.2 世界经济周期调整背景下中国外贸发展面临的新挑战

2008 年美国金融危机爆发之后，2009 年世界 GDP 增速仅为 0.01%，随后在 2010 年世界经济有小幅复苏，GDP 增速达到 5.43%。[①] 然而，随后金融危机的深层次不良后果开始显现，世界经济增长速度持续下降。从数据上显示，世界经济已经进入了弱势调整区间。

由图 11－1 显示的世界 CDP 年实际增长率变动趋势可以看到，如果以 3.5% 的增长速度为中位数，则当前世界经济运行正处于弱势增长区间。在这种背景下，中国外贸发展面临诸多挑战。

① 数据来源：WIND。

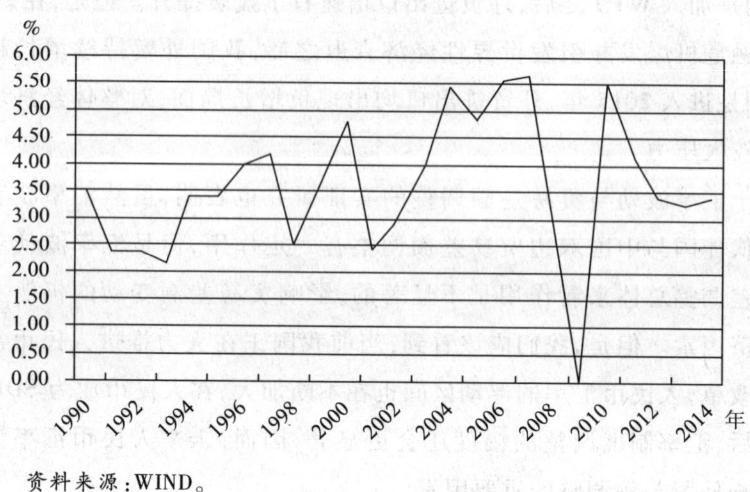

资料来源:WIND。

图 11.1 世界 GDP 实际年增长率

1. 外部需求趋弱,外贸出口增长趋缓

虽然美国经济看似已经走出了金融危机的阴影,但是日本和欧洲经济仍然不容乐观。2015 年 12 月 17 日,美联储宣布加息 25 个基点,引发全球金融市场出现动荡走势。IMF 在 2016 年 1 月的全球经济展望报告里预计 2016 年和 2017 年全球经济增长率分别是 3.4% 和 3.6%,世界贸易总量(货物加服务)增长率预测为 3.4% 和 4.1%,均比上期相对悲观,同时对新兴经济体和发展中经济体的经济波动回升表示担心。世界贸易组织表示,受全球贸易市场需求不确定性影响,2016 年全球贸易增速将与 2015 年持平,维持在 2.8%,这也是全球贸易增速连续 5 年低于 3%。在此背景下,我国对外贸易想继续维持高速增长,压力之大可想而知。

2. 多边经贸规则发展受到抵制,区域性经济协定不断涌现

自从 1995 年 WTO 正式成立以后,其主要角色似乎就是平衡成员国之间的贸易利益。随后启动的多哈回合谈判虽然设定了宏大的目标及范围,但是其取得的成果却不容乐观。在此背景下,双多边、高规格的区域经贸协定不断涌现,这其中以跨太平洋伙伴关系协定(Trans - Pacific Partnership Agreement,TPP)较为有代表性。2016 年 2 月,参与 TPP 谈判的 12 国正式签署了该协议。2013 年 6 月,美欧正式宣布启动“跨大西洋贸易与投资伙伴协议”(Transatlantic Trade and Investment Partnership,TTIP)的谈判。此类新型

区域性贸易协定的共同特点是标准高、要求高，在基本消除货物贸易关税的基础上，更加注重服务贸易相互开放、投资壁垒的进一步消除、管理制度的协调一致，在很大程度超越了多边贸易体制的要求。而更为重要的是，目前以美国为主导的区域贸易协定并未邀请中国加入，其达成的经贸投资标准对中国未来贸易投资的发展会产生一定程度的压制作用。虽然美国总统更迭可能会对其经贸战略产生一定影响，但当前多边经贸体制被边缘化，区域性经贸合作迅速发展的趋势依然十分明显。

3. 开放经济背景下世界经济冲击对中国的影响作用会越来越强，宏观调控政策的效果弱化

从早期蒙代尔—弗莱明模型到克鲁格曼的三元悖论，学术界基本还是认同货币政策独立性、浮动汇率、资本自由流动这三者不可兼得的。当前，中国正在推进人民币向着更加自由的浮动汇率体制方向发展，而资本项目开放也在不断加大力度，中国与世界经济之间的贸易、投资、金融等各种渠道的联系越来越紧密，外部经济冲击向国内的传导越来越迅速，与此同时，宏观调控政策的“溢出效应”也不断增强，这要求制定宏观调控政策时必须考虑开放经济环境下的政策有效性问题。

4. 支持外贸出口增长的有利因素正在减少，不利因素不断增加

随着我国经济不断增长，居民收入持续提高，社会保障水平不断提升，以往支持外贸出口增长的有利因素正不断减少。比如，劳动力成本不断上升，而土地资源日益紧张。在信息化引领的时代，消费需求正转向高品质商品、高质量服务上来，而我国生产领域长期以来形成的低水平发展、低质量生产、低价格竞争的习惯并未得到根本性改观。与此同时，其他新兴经济体和一些发展中国家则展开经济发展的追赶模式，以其低成本劳动力来吸引世界投资，增加外贸出口。在世界贸易总量增速不断下降、其他国家追赶步伐不断加快的背景下，我 国外贸出口持续增长的压力不断加大。

5. 加入 WTO 带来的贸易红利不断下降，与贸易伙伴的经贸关系需要深度调整

前已述及，加入 WTO 之后的十年间是我国外贸飞速发展的 10 年，正是在这 10 年里，我国成为世界第一大出口国，充分享受到了世界经济增长的贸易红利。但是，在世界经济周期调整的过程中，传统贸易增长方式难以为

继,加入 WTO 带来的贸易红利也不断减少,进一步促进外贸增长的动力仍显不足。不仅如此,在当初加入 WTO 时设定的一些关键制度过渡期即将结束,多边贸易体制下的一些限制和约束仍未消除。比如,2016 年 5 月 12 日,欧洲议会在一项非立法性决议中以压倒性多数票反对承认中国市场经济地位。[①] 虽然,上述表决可能只是一项显示性的决议,但是,它也反映出当前我国贸易伙伴在对待我国外贸竞争时的一些立场。

2016 年是我国加入 WTO 的 15 周年,在经历 15 年的外贸增长之后,我国也迫切需要重新审视外贸增长的深刻内涵与动力源泉,特别是在当前社会生产力极大增长、生产效率极大提高的情况下,如何在自身发展的同时,拓展贸易伙伴经济发展的空间,共同获得经济增长的福利,深刻调整与贸易伙伴之间的竞争与合作关系,才是真正获得长期贸易利益的根本所在。

11.3 推动外贸持续增长、不断增加贸易利益的对策思考

1. 通过自贸试验区推进贸易便利化,进一步降低贸易成本

作为中国全面建设开放型经济、促进对外贸易发展方式转变、进一步释放开放红利的载体,自贸试验区承载了贸易转型、金融开放、体制创新、管理进步的诸多任务。王冠凤、郭羽诞(2014)探讨了推进上海自贸区贸易自由化和便利化的对策。由于中国各地发展程度与开放程度极不平衡,如果采取步调一致的方法推动开放战略,其引发的风险难以控制。因此,在各自贸试验区中进行贸易转型发展的先行先试,探索尝试各种政策及体制机制创新,在形成新政策的同时,保持一定程度的灵活性与主动性,既有助于探索开放型经济发展的市场环境与体制环境,又便于进行风险防控,根据形式变化随时调整。

长期以来,我国对外贸易发展的思路一直重视出口、轻视进口,尤其重视对出口退税政策的使用,把出口退税当作增强出口竞争力的主要手段之

① 新华网,2016 年 5 月 13 日,“欧洲议会反对承认中国市场经济地位”,http://news.xinhuanet.com/2016-05/13/c_128979160.htm,访问日期:2016 年 5 月 17 日。

一,而较少从推进公平竞争、促进贸易平衡发展的思路来规划进出口政策体系。贸易出口的促进政策与重点产业发展政策之间缺乏应有协调,这也是形成当前外贸发展困局的主要原因之一。建立各自贸试验区的根本目标之一就是使自贸区成为沟通国内市场与国际市场、促进各种要素自由流动、探索更加符合经济长远可持续发展机制的试验区域。因此,将自贸区打造成为要素与商品进口的重要通道,通过金融支持体系、财税政策支持体系进一步扩大进口,注重货物贸易平衡发展,以新型业态、跨国公司各种采购中心、贸易转运中心为目标进行管理制度创新与体制机制创新,对于贸易转型升级将起到重要的推动作用。

2. 通过"一带一路"倡议继续推进与重点国家的经贸合作,借助区域经贸协定推进贸易自由化进程

2013 年 9 月和 10 月,中国国家主席习近平在出访中亚和东南亚国家期间,先后提出共建"丝绸之路经济带"和"21 世纪海上丝绸之路"的重大倡议,得到国际社会高度关注。2015 年 3 月,国家发展改革委、外交部、商务部经国务院授权,发布了"一带一路"纲领性文件"推动共建丝绸之路经济带和 21 世纪海上丝绸之路的愿景与行动"(以下简称"愿景与行动")。全面阐述了中国"一带一路"倡议的共建原则、框架思路、合作重点与合作机制等内容。中国"一带一路"建设思路及框架逐渐明确。在"愿景与行动"的框架思路部分,明确提出要"努力实现区域基础设施更加完善,安全高效的陆海空通道网络基本形成,互联互通达到新水平;投资贸易便利化水平进一步提升,高标准自由贸易区网络基本形成,经济联系更加紧密,政治互信更加深入"。在"愿景与行动"的合作重点部分,更是突出了贸易畅通的重要性。并指出"投资贸易合作是'一带一路'建设的重点内容。宜着力研究解决投资贸易便利化问题,消除投资和贸易壁垒,构建区域内和各国良好的营商环境,积极同沿线国家和地区共同商建自由贸易区,激发释放合作潜力,做大做好合作'蛋糕'"。

进入 21 世纪以来,由 WTO 主导的多边贸易合作框架发展缓慢,而少数国家组成的高水平、高标准区域性贸易协定增长迅速。在这种大背景下,我国未来外贸平衡平稳增长的重要途径之一就是通过区域经贸协定,加强与特定区域国家的经贸合作,进一步提升贸易便利化水平,特别是与"一带一

路”沿线各国的区域经济合作,更应该成为我国参与国际经贸规则制定、推进双多边贸易自由化的重要战略。

3. 加大研发与创新投入,以创新获得贸易竞争力

当前我国已经成为世界第一大出口国,但是,出口商品的结构却并无竞争优势可言。改革开放政策解放了生产力,我国在融入世界市场的过程中发挥了廉价劳动力优势,以加工贸易的迅速发展助推对外贸易总额迅速增长,但是在贸易利益的获得方面却仍属低端。我国出口的商品中智力密集型产品比重仍然不高,以低技术含量、高资本投入量依靠价格竞争获得世界市场份额仍然是外贸竞争力的主要来源。这种方式获得的贸易出口优势在世界经济出现波动、外部需求趋弱时极易受到大幅度冲击。因此,未来我国外贸发展需要更加重视建立在研发与创新投入基础上的新产品、新技术形成的竞争力,只有不断推动技术进步,才能持续获得优质贸易利益。

4. 促进对外投资与对外贸易之间的平衡发展,获取更大贸易利益

一直以来,我国都是将外贸出口当做是实现商品价值循环的主要途径。然而,在美国金融危机以来,世界需求整体趋弱,对我国商品出口增长带来很大压力;另外,由于体制因素、观念因素、投资效率等多种原因,加上我国进入经济结构调整的关键时期,国内产能过剩现象较为突出。因而,我国需要重视审视对外贸易在整体国民经济生产循环中的地位与作用。外贸政策方面,需要将对外投资与对外贸易进一步有机结合,将外贸放在利用世界资源、获取投资收益的重要地位上,促进投资与贸易的平衡发展。通过鼓励企业走出去投资、进一步扩大进口等政策措施,从资源能源、服务消费等多方面获取更大贸易利益。

5. 改变单纯以外贸数量增长为评价方式的外贸发展观,加快转变我国对外贸易发展方式

在 2008 年美国金融危机爆发后,中国对外贸易一度陷入负增长的境地,国内各界也开始深入反思我国外贸发展的增长模式问题,明确转变外贸发展方式是我国未来对外贸易健康成长的根本要求。时任中国商务部副部长的钟山(2010)撰文指出,理论上讲,经济发展方式决定了外贸发展方式,外贸发展方式转变要适应经济发展方式转变。贸易强国最显著的特征是在政府、行业、企业、商品四个层次上都具有强大的协调能力和竞争力,而我国在

这四个能力上与贸易强国还有较大差距。郭熙保、陈志刚(2013)的分析认为,后危机时期世界经济将面临重大结构性调整,2008 年的国际金融危机也让人们更清晰地看到了中国外贸发展的不平衡、不协调、不可持续问题。中国需要基于世界经济结构调整来维持和拓展对外贸易规模。

显然,经过改革开放以来的不断努力,我国对外贸易已经发展到了提升质量、转变方式、注重效益、平衡发展的重要历史阶段。单纯以数量增长来衡量对外贸易规模已经不再适合经济新常态的要求。今后我国对外贸易发展应该更加注重从要素全球配置的角度来进行规划,将对外投资与对外贸易更好地结合起来,依靠跨国公司的成长壮大,更加强调国民经济内外均衡发展,不断通过外贸外资的增长提升整体国民福利水平。

主要参考文献

[1] Ahmadzadeh, Khaled, Knerr, Beatrice, Yavari, Kazem, Asari, Abbas, Sahabi, Bahram. Competitiveness and Factors Affecting in Service Export[J]. Journal of Basic and Applied Scientific Research, 2012, 2(10): 10793 - 10802.

[2] Ahmed, Shaghil. Are Chinese Exports Sensitive to Changes in the Exchange Rate? [R]. Board of Governors of the Federal Reserve System, International Finance Discussion Papers, Number 987, December 2009.

[3] Ahmed, Shaghil, Ickes, Barry W., Wang, Ping and Sam Yoo, Byung. International Business Cycles[J]. The American Economic Review, 1993, 83(3): 336 - 359.

[4] Aloui, Riadh, Safouane, Mohamed Ben Aïssa, Nguyen, Duc Khuong. Global financial crisis, extreme interdependences, and contagion effects: The role of economic structure? [J]. Journal of Banking & Finance, 2011, 35(1): 130 - 14.

[5] Ansari, M. I. and A.. Ojemakinde. Explaining Asymmetry in the US Merchandise and Service Account Balance: Does the Service Sector Hold the Key to the US Current Account Woes? [J]. The International Trade Journal, 2003, 17(1): 51 - 80.

[6] Arellano, Manuel and Stephen Bond, Some Tests of Specification for Panel Data: Monte Carlo Evidence and an Application to Employment Equations, The Review of Economic Studies, 1991, 58(2): 277 - 297.

[7] Aristotelous, K., 2001. Exchange - rate Volatility, Exchange - rate Regime, and Trade Volume: Evidence from the UK - US Export Function (1889—1999). Economics Letters 72(1): 87 - 94.

[8] Arize, A. C., Malindretos, J., Kasibhatla, K. M., 2003. Does exchange -

rate volatility depress export flows: the case of LDCs. International Advances in Economic Research 9(1): 7 – 19.

[9] Arize, A. C., Osang, T., Slottje, D. J., 2000. Exchange – rate volatility and foreign trade: evidence from thirteen LDC's. Journal of Business and Economic Statistics 18(1): 10 – 17.

[10] Arize, A. C., Osang and, T., Slottje, D. J., 2008. Exchange rate volatility in Latin America and its impact on foreign trade. International Review of Economics and Finance 17(1): 33 – 44.

[11] Backus, David K., Kehoe, Patrick J. and Kydland, Finn E. International Real Business Cycles [J]. The Journal of Political Economy, 1992, 100 (4): 745 – 775.

[12] Baek, Jungho. Does the Exchange Rate Matter to Bilateral Trade between Korea and Japan? Evidence from Commodity Trade Data [J]. Economic Modelling, 2013(30): 856 – 862.

[13] Baak, S. J., Al – Mahmood, M. A., Vitathep, S.. Exchange rate volatility and exports from East Asian Countries to Japan and the USA. Applied Economics, 2007, 39(8): 947 – 959.

[14] Baek, Jungho. Exchange Rate Effects on Korea – U. S. Bilateral Trade: A New Look [J]. Research in Economics, 2014(68): 214 – 221.

[15] Bahmani – Oskooee, Mohsen and Ratha, Artatrana. The J – Curve: A Literature Review [J]. Applied Economics, 2004, 36(13): 1377 – 1398.

[16] Bahmani – Oskooee, Mohsen, Harvey, Hanafiah, Hegerty, Scott W.. The Effects of Exchange – Rate Volatility on commodity Trade between the U. S. and Brazil [J]. North American Journal of Economics and Finance, 2013 (25): 70 – 93.

[17] Baum, Christopher, Caglayan, Mustafa. On the Sensitivity of the Volume and Volatility of Bilateral Trade flows to Exchange Rate Uncertainty [J]. Journal of International Money and Finance, 2010, 29(1): 79 – 93.

[18] Beck, T.. Financial Development and International Trade. Is There a Link? [J]. Journal of International Economics, 2002(57): 107 – 131.

[19] Bergin, P., Lin, C.. Exchange rate regimes and the extensive margin of trade[R]. In: Frankel, Pissarides (Eds.), NBER International Seminar on Macroeconomics. University of Chicago Press, 2009.

[20] Berman, N. and J. Hericourt. Financial Constraints and the Margins of Trade: Evidence from Cross - Country Firm - Level Data[J]. Journal of Development Economics, 2010, 93(2): 206 - 217.

[21] Bernini, Michele, Tomasi, Chiara. Exchange Rate Pass - through and Product Heterogeneity: Does Quality Matter on the Import Side? [J] European Economic Review, 2015(77): 117 - 138.

[22] Biewen, Elena, Harsch, Daniela, Spies, Julia. The Determinants of Service Imports: The Role of Cost Pressure and Financial Constraints[R]. IAW Discussion Papers, No. 90, October 2012.

[23] Borchert, Ingo, Mattoo, Aaditya. The Crisis - resilience of Services Trade[J]. The Service Industries Journal, 2010, 30(13): 2115 - 2136.

[24] Bredin, D., Fountas, S., Murphy, E.. An Empirical Analysis of Short - run and Long - run Irish Export Functions: Does Exchange - rate Volatility Matter? International Review of Applied Economics, 2003, 17(2): 193 - 208.

[25] Breiman, L., Fredman, J., Olshen, R., Stone, C.. Classification and Regression Trees[M]. New York: Chapman & Hall, 1984.

[26] Breinlich, Holger, Criscuolo, Chiara. International Trade in Services: A Portrait of Importers and Exporters[J]. Journal of International Economics, 2011 (84): 188 - 206.

[27] Broll, U. and B. Eckwert. Exchange Rate Volatility and International Trade[J]. Southern Economic Journal, 1999(66): 178 - 185.

[28] Brun - Aguerre, Raphael, Fuertes, Ana - Maria, and Phylaktis, Kate. Exchange Rate Pass - through into Import Prices Revisited: What Drives It? [J] Journal of International Money and Finance, 2012(31): 818 - 844.

[29] Buendell, Richard and Stephen Bond, Initial Conditions and Moment Restrictions in Dynamic Panel Data Models, Journal of Econometrics, 1998(87): 115 - 143.

[30] Canova, Fabio, Marrinan, Jane. Sources and Propagation of International Output Cycles: Common Shocks or Transmission? [J]. Journal of International Economics, 1998(46): 133 – 166.

[31] Ceglowski, Janet. Exchange Rate Pass – through to Bilateral Import Prices [J]. Journal of International Money and Finance, 2010, 29 (8): 1637 – 1651.

[32] Centoni, Marco, Cubadda, Gianluca, Hecq, Alain. Common Shocks, Common Dynamics, and the International Business Cycle [J]. Economic Modelling, 2007(24): 149 – 166.

[33] Chaney, T.. Liquidity Constrained Exporters [R]. University of Chicago, mimeo, 2005.

[34] Cheung, Yin – Wong, Sengupta, Rajeswari. Impact of Exchange Rate Movements on Exports: An Analysis of Indian non – Financial Sector Firms [J]. Journal of International Money and Finance, 2013(39): 231 – 245.

[35] Choi, Changkyu. The Effect of the Internet on Service Trade [J]. Economics Letters, 2010(109): 102 – 104.

[36] Choudhry, Taufiq, Hassan, Syed S.. Exchange Rate Volatility and UK Imports from Developing Countries: The Effect of the Global Financial Crisis [J]. Journal of International Financial Markets Institutions & Money, 2015, forthcoming.

[37] Cline, William R.. Renminbi Undervaluation, China's Surplus, and the US Trade Deficit [R]. Washington: Peterson Institute for International Economics, Number PB10 – 20, August 2010.

[38] Cline, William R. and Williamson, John. Estimates of the Equilibrium Exchange Rate of the Renminbi: Is There a Consensus and, If not, Why Not? [R]. Paper Presented at the Conference on China's Exchange Rate Policy, Washington: Peterson Institute, Washington DC, October 12, 2007.

[39] Cooke, Dudley. Monetary Shocks, Exchange Rates, and the Extensive Margin of Exports [J]. Journal of International Money and Finance, 2014(41): 128 – 145.

[40] Corden, W. Max. China ' s Exchange Rate Policy, Its Current Account Surplus and the Global Imbalances [J]. Economic Journal, 2009, 119 (541): 430 - 441.

[41] Corsetti, Giancarlo and Müller, Gernot J. Multilateral Economic Cooperation and the International Transmission of Fiscal Policy [R]. NBER Working Paper No. 17708, December 2011.

[42] Crucini, Mario J., Kose, M. Ayhan, and Otrok, Christopher. What Are the Driving Forces of International Business Cycles? [R]. NBER Working Paper No. 14380, October 2008.

[43] Cushman, David O. Has Exchange Risk Depressed International Trade? The Impact of third - country Exchange Risk [J]. Journal of International Money and Finance, 19865 (3): 361 - 379.

[44] de Bandt, Olivier, Razafindrabe, Tovonony. Exchange Rate Pass - through to Import Prices in the Euro - area: A Multi - currency Investigation [J]. International Economics, 2014 (138): 63 - 77.

[45] De Grauwe, Paul. Exchange Rate Variability and the Slowdown in the Growth of International Trade [R]. IMF Staff Papers, 1988, 35 (1): 63 - 84.

[46] di Giovanni, Julian, Shambaugh, Jay C.. The Impact of Foreign Interest Rates on the Economy: The Role of the Exchange Rate Regime [J]. Journal of International Economics, 2008 (74): 341 - 361.

[47] Deardorff, A. V.. Comparative Advantage and International Trade and Investment in Services [R]. in Trade and investment in services: Canada/US perspectives [M], (ed. R. M. Stern), Toronto: Ontario Economic Council, 1985.

[48] Deardorff, A. V., Hymans, S. H., Stern, R. M. and Xiang, C.. Forecasting U. S. trade in services [R]. University of Michigan School of Public Policy Discussion Paper No. 467, 2000.

[49] Dees S., di Mauro F., Pesaran MH, Smith L. V.. Exploring the International Linkages of the Euro Area: A Global VAR Analysis [J]. Journal of Applied Econometrics, 2007 (22): 1 - 38.

[50] Dellas, H., Zilberfarb, B. - Z.. Real Exchange Rate Volatility and In-

ternational Trade: A Reexamination of the Theory[J]. Southern Economic Journal, 1993, 59(4): 641-647.

[51] Denison, D. G. T., Mallick, B. K., Smith, A. F. M.. A Bayesian CART Algorithm[J]. Biometrika, 1998(85): 363-377.

[52] Desai, Mihir A., C. Fritz Foley and Kristin J. Forbes. Financial Constraints and Growth: Multinational and Local Firm Responses to Currency Depreciations[J]. Review of Financial Studies, 2008, 21(6): 2857-2888.

[53] Dhasmana, Anubha. Transmission of Real Exchange Rate Changes to the Manufacturing Sector: The Role of Financial Access[J]. International Economics, 2015, (143): 48-69.

[54] Doganlar, M.. Estimating the Impact of Exchange Rate Volatility on Exports: Evidence from Asian Countries[J]. Applied Economics Letters, 2002, 9(13): 859-863.

[55] Dooley, Michael, Hutchison, Michael. Transmission of the U. S. Subprime Crisis to Emerging Markets: Evidence on the Decoupling-recoupling Hypothesis[J]. Journal of International Money and Finance, 2009(28): 1331-1349.

[56] Doyle, E.. Exchange rate volatility and Irish-UK trade, 1979—1992[J]. Applied Economics, 2001 33(2): 249-265.

[57] Engel, Robert. GARCH101: The USE of ARCH/GARCH Models in Applied Econometrics[J]. Journal of Economic Perspectives, 2001, 15(4): 157-168.

[58] Ehrmann, Michael, Fratzscher, Marcel. Global Financial Transmission of Monetary Policy Shocks[J]. Oxford Bulletin of Economics and Statistics, 2009, 71(6): 739-759.

[59] Eichengreen, Barry and Gupta, Poonam. Exports of Services: Indian Experience in Perspective[R]. MPRA Paper No. 37409, March 2012.

[60] Ethier, Wilfred John. International Trade and the Forward Exchange Market[J]. American Economic Review, 1973, 63(3): 494-503.

[61] Faust, Jon, Rogers, John H. and Wright, Jonathan H. Exchange Rate

Forecasting: The Errors We've Really Made[R]. Board of Governors of the Federal Reserve System, International Finance Discussion Papers, Number 714, December 2001.

[62] Fernández A., Nielsen J. D., Salmerón A.. Learning Bayesian Networks for Regression from Incomplete Databases[J]. International Journal of Uncertainty, Fuzziness and Knowledge - Based Systems, 2010, 18(1): 69 - 86.

[63] Fidrmuc, Jarko, Korhonen, Iikka. The Impact of the Global Financial Crisis on Business Cycles in Asian Emerging Economies[J]. Journal of Asian Economics, 2010(21): 293 - 303.

[64] Francois, Joseph, Hoekman, Bernard. Services Trade and Policy[J]. Journal of Economic Literature, 2010, 48(3): 642 - 692.

[65] Freund, Caroline, Weinhold, Diana. The Internet and International Trade in Services[J]. American Economic Review - Papers and Proceedings, 2002(May): 236 - 240.

[66] Goldstein, Morris, and Nicholas R. Lardy. The Future of China's Exchange Rate Policy[R]. Policy Analyses in International Economics 87, Washington: Peterson Institute for International Economics, 2009.

[67] Gust, Christopher Leduc, Sylvain, and Sheets, Nathan. The Adjustment of Global External Balances: Does Partial Exchange Rate Pass - Through to Trade Prices Matter? [J]. Journal of International Economics, 2009, 79(2): 173 - 185.

[68] Hall, Stephen, Hondroyiannis, George, Swamy, P. A. V. B., Tavlas, George, Ulan, Michael. Exchange - rate Volatility and Export Performance: Do Emerging Market Economies Resemble Industrial Countries or Other Developing Countries? [J]. Economic Modelling, 2010(2): 1514 - 1521.

[69] Hoekman, Bernard. Liberalizing Trade in Services: A Survey[R]. World Bank Policy Research Working Paper 4030, October 2006.

[70] Hooper, Peter and Kohlhagen, Steven W.. The Effect of Exchange Rate Uncertainty on the Prices and Volume of International Trade[J]. Journal of International Economics, 1978, 8(4): 483 - 511.

[71] Hooy, chee - Wooi, Law, Siong - Hook, Chan, Tze - Haw. The Impact

of the Renminbi Real Exchange Rate on ASEAN Disaggregated Exports to China [J]. Economic Modelling,2015(47):253 -259.

[72] Hu, W. B., O'Leary, A. R., Mengersen, K., Choy, Samantha Low. Bayesian Classification and Regression Trees for Predicting Incidence of Cryptosporidiosis[J]. PLoS ONE,2011,6(8):1 -8.

[73] Juillard, Michel, Villemot, Sebastien. Multi-Country Real Business Cycle Models: Accuraly Tests and Test Berch[J]. Journal of Economic Dynamics and control,2011,35(2):178 -185.

[74] Kandilov, Ivan T. and Grennes, Thomas. The Determinants of Service Exports from Central and Eastern Europe[J]. Economics of Transition,2010,18(4):763 -794.

[75] Kandilov, Ivan T. and Grennes, Thomas. The Determinants of Service Offshoring: Does Distance Matter? [J]. Japan and the World Economy, 2012(24):36 -43.

[76] Kao, L. J., Chiu, C. C., Chiu, F. Y.. A Bayesian Latent Variable Model with Classification and Regression Tree Aapproach for Behavior and Credit Scoring[J]. Knowledge - Based Systems,2012,36(12):245 -252.

[77] Kim, Soyoung. International Transmission of U. S. Monetary Policy Shocks: Evidence from VAR's[J]. Journal of Monetary Economics,2001(48): 339 -372.

[78] Kose, M. Ayhan, Otrok, Christopher and Prasad, Eswar. Global Business Cycles: Convergence or Decoupling? [R]. NBER Working Paper No. 14292, October 2008.

[79] Li, Hongbin, Ma, Hong, Xu, Yuan. How do Exchange Rate Movements Affect Chinese Exports? - A Firm - level Investigation[J]. Journal of International Economics,2015(97):148 -161.

[80] Mackowiak, Bartosz. External Shocks, U. S. Monetary Policy and Macroeconomic Fluctuations in Emerging Markets[J]. Journal of Monetary Economics, 2007,54(8):2512 -2520.

[81] Manova, Kalina. Credit Constraints, Equity Market Liberalizations and

International Trade [J] . Journal of International Economics , 2008, 76 (1): 33 - 47.

[82] Manova, Kalina and Zhiwei Zhang. Export Prices and Heterogeneous Firm Models[R]. Mimeo,2008.

[83] Mark, N. C. . Exchange Rates and Fundamentals: Evidence on Long - Horizon Prediction[J]. American Economic Review,1995(85):201 - 218.

[84] Markusen, J. and A. Venables. The Theory of Endowment, Intra - industry and Multi - national Trade[J]. Journal of International Economics,2000(52): 209 - 234.

[85] Marquez, Jaime. Estimating Elasticities for U. S. Trade in Services[R]. Board of Governors of the Federal Reserve System, International Finance Discussion Papers Number 836, August 2005.

[86] Meese, R. and Rogoff, K. . Empirical Exchange Rate Models of the Seventies: Do They Fit Out of Sample? [J]. Journal of International Economics, 1983 (14):3 - 24.

[87] Meng, Sam. Modeling the Impact of Exchange Rate Using a Multicurrency Framework[J]. Economic Modelling,2015(49):223 - 231.

[88] McKenzie, M. D. . The Impact of Exchange Rate Volatility on International Trade Flows[J]. Journal of Economic Surveys,1999,13(1):71 - 106.

[89] McKenzie, M. D. , Brooks, R. D. . The Impact of Exchange Rate Volatility on German - US Trade Flows[J]. Journal of International Financial Markets, Institutions & Money,1997,7(1):73 - 87.

[90] Melitz, M. . The Impact of Trade on Intra - Industry Reallocations and Aggregate Industry Productivity[J]. Econometrica,2003(71):1265 - 1725.

[91] Naknoi, Kanda. Exchange Rate Volatility and Fluctuations in the Extensive Margin of Trade [J] . Journal of Economic Dynamics & Control, 2015 (52):322 - 339.

[92] Nishimura, Yusaku, Hirayama, Kenjiro. Does Exchange Rate Volatility Deter Japan - China Trade? Evidence from Pre - and Post - exchange Rate Reform in China[J]. Japan and the World Economy,2013(25 - 26):90 - 101.

[93] Pain, Nigel and van Welsum, Desiree. International Production Relocation and Exports of Services[R]. OECD Economic Studies No. 38, 2004/1.

[94] Parsons, Craig R. and Sato, Kiyotaka. New Estimates of Exchange Rate Pass – Through in Japanese Exports[J]. International Journal of Finance & Economics, 2008, 13(2): 174 – 183.

[95] Pesaran, M. Hashem, Smith, L. Vanessa and Smith, Ron P.. What if the UK or Sweden had Joined the Euro in 1999? An Empirical Evaluation Using a Global VAR[J]. International Journal of Finance and Economics, 2007(12): 55 – 87.

[96] Pesaran, M. Hashem, Schuermann, Til and Smith, L. Vanessa. Foreca – sting Economic and Financial Variables with Global VARs[J]. International Journal of Forecasting, 2009(25): 642 – 675.

[97] Prasad, Eswar S.. International Trade and the Business Cycle[J]. The Economic Journal, 1999, 109(458): 588 – 606.

[98] Roodman, D.. How to do xtabond2: An introduction to difference and system GMM in Stata[J]. Stata Journal, 2009, 9(1): 86 – 136.

[99] Sapir, Andre, Lutz, Ernst. Trade in Services: Economic Determinants and Development – Related Issues [R]. World Bank Staff Working Paper No. 480, August 1981.

[100] Sercu, P., Vanhulle, C.. Exchange Rate Volatility, International Trade, and the Value of Exporting Firm[J]. Journal of Banking and Finance, 1992, 16(1): 152 – 182.

[101] Smith, L. V. and A. Galesi (2011), GVAR Toolbox 1.1, www – cfap. jbs. cam. ac. uk/research/gvartoolbox/index. html.

[102] Suwantaradon, Ruanjai. Financial Frictions and International Trade [R]. Mimeo, Department of Economics, University of Minnesota, 2008.

[103] Tenreyro, S.. On the Trade Impact of Nominal Exchange Rate volatility[J]. Journal of Development Economics, 2007, 82(2): 485 – 508.

[104] Thorbecke, Willem, Smith, G.. Are Chinese imports sensitive to exchange rate changes? [R]. RIETI Discussion Paper Series 12 – E – 007, 2012.

[105] Thorbecke, Willem. Investigating the Effect of Exchange Rate Changes on China's Processed Exports[J]. Journal of The Japanese and International Economies, 2011, 25(2): 33 – 46.

[106] Viaene, J. M., de Vries, C. G.. International Trade and Exchange Rate Volatility[J]. European Economic Review, 1992, 36(6): 1311 – 1321.

[107] Woo, Wing Thye. Understanding the Sources of Friction in U. S. – China Trade Relations: The Exchange Rate Debate Diverts Attention from Optimum Adjustment[J]. Asian Economic Papers, 2008, 7(3): 61 – 95.

[108] Zuniga, MC. International Monetary Transmission, a Factor – Augmented Vector Autoregressive (FAVAR) Approach: The Cases of Mexico and Brazil [J]. Business and Economics Journal, 2011(26): 1 – 16.

[109]包群,阳佳余．金融发展影响了中国工业制成品出口的比较优势吗[J]. 世界经济,2008(3):21 – 33.

[110]毕玉江．中国的商品进出口价格与贸易条件:趋势、成因与对策[J]. 价格月刊,2008(5):26 – 27.

[111]陈虹,林留利．中美服务贸易竞争力的实证与比较分析[J]. 国际贸易问题,2009(12):75 – 80.

[112]陈六傅,钱学锋．人民币实际汇率弹性的非对称性研究:基于中国与 G – 7 各国双边贸易数据的实证分析[J]. 南开经济研究,2007(1): 3 – 18.

[113]陈诗一．汇率预测:一个新的非参数支持向量回归方法[J]. 数量经济技术经济研究,2007(5):142 – 150.

[114]陈婷,向训勇．人民币汇率与中国出口的二元边际:基于多产品企业的研究视角[J]. 国际贸易问题,2015(8):168 – 176.

[115]陈婷．人民币汇率对多产品企业出口的影响[J]. 世界经济研究,2015(1):48 – 55.

[116]戴晓枫,肖庆宪．时间序列分析方法及人民币汇率预测的应用研究[J]. 上海理工大学学报,2005(4):341 – 344.

[117]丁平．中国服务贸易国际竞争力的影响因素分析与对策研究[J].世界经济研究,2007(9):49 – 55.

[118]管涛．固定汇率安排与通货紧缩的国际传染[J]．金融研究,2004(8):44－50.

[119]国家行政学院经济学教研部课题组．产能过剩治理研究[J]．经济研究参考,2014(14):53－62.

[120]郭熙保,陈志刚．论后危机时期中国外贸发展方式转变——基于世界经济结构调整的视角[J]．经济学家,2013(5):29－38.

[121]郭义豪,周维民．CART 算法在国际贸易预警中的应用[J]．微计算机信息,2012(10):248－249.

[122]胡援成,张朝洋．美元贬值对中国通货膨胀的影响:传导途径及其效应[J]．经济研究,2012(4):101－112.

[123]惠晓峰,胡运权,胡伟．基于遗传算法的 BP 神经网络在汇率预测中的应用研究[J]．数量经济技术经济研究,2002(2):80－83.

[124]惠晓峰,柳鸿生,胡伟,何丹青．基于时间序列 GARCH 模型的人民币汇率预测[J]．金融研究,2003(5):99－105.

[125]金山,汪前元．不完全汇率传递下的货币政策工具规则分析[J]．财经论丛,2012(1):55－61.

[126]李春吉．国际收支双顺差和中国经济波动[J]．南京财经大学学报,2010(6):1－10.

[127]林玲,李江冰,李青原．金融发展、融资约束与中国本土企业出口绩效——基于省际面板数据的经验研究[J]．世界经济研究,2009(4):45－50.

[128]刘洋．关于优化人民币汇率预测仿真研究[J]．计算机仿真,2010(8):161－164.

[129]卢现祥,马凌远．中国服务贸易出口潜力研究[J]．中国软科学,2009(9):39－46.

[130]骆效生,刘武兵．金融发展对国际贸易影响的文献综述[J]．国际经贸探索,2008,24(7):70－73.

[131]马丹,华圆．出口贸易及其名义汇率与实际汇率风险——基于中国对主要贸易伙伴国面板数据的实证研究[J]．财经科学,2011(4):33－39.

[132]马颖,陈波．改革开放以来中国经济体制改革、金融发展与经济

增长[J]. 经济评论,2009(1):12－18.

[133]潘红宇. 汇率波动与中国对主要贸易伙伴的出口[J]. 数量经济技术经济研究,2007(2):73－81.

[134]齐俊妍. 金融发展与贸易结构——基于HO模型的扩展分析[J]. 国际贸易问题,2005(7):15－19.

[135]覃成林,张伟丽. 中国区域经济增长俱乐部趋同检验及因素分析:基于CART的区域分组和待检影响因素信息[J]. 管理世界,2009(3):21－35.

[136]邱嘉锋,王珊珊,侯庆志. 人民币汇率波动对中国经济增长的影响分析——基于进出口贸易和外商直接投资传导机制的视角[J]. 经济纵横,2012(9):31－34.

[137]曲建忠,张战梅. 我国金融发展与国际贸易的关系——基于1991—2005年数据的实证研究[J]. 国际贸易问题,2008(1):98－103.

[138]石红莲. 国际金融危机对我国对外贸易的传导效应[J]. 国际贸易问题,2010(1):117－123.

[139]史龙祥,马宇. 金融发展对中国制造业出口结构优化影响的实证分析[J]. 世界经济研究,2008(3):37－41.

[140]沈能. 金融发展与国际贸易的动态演进分析——基于中国的经验数据[J]. 世界经济研究,2006(6):53－58.

[141]孙秀丽,隋广军. 中欧服务贸易竞争力比较研究[J]. 国际经贸探索,2015(1):16－30.

[142]孙雪芬,马红霞. 全球流动性对中国通货膨胀的国际传导[J]. 武汉大学学报(哲学社会科学版),2011(3):102－107.

[143]孙兆斌. 金融发展与出口商品结构优化[J]. 国际贸易问题,2004(9):64－67.

[144]唐海燕.2011. 风险管理研究2010[M]. 上海:立信会计出版社,2011.

[145]田朔,张伯伟,陈立英. 汇率波动与出口扩展边际——兼论企业异质行为[J]. 国际贸易问题,2015(2):168－176.

[146]厦门大学宏观经济研究中心课题组. 人民币汇率调整对我国贸

易顺差变动趋势的影响——基于 CQMM 的预测与分析[J]. 财政研究,2007(5):34 - 38.

[147]谢赤,欧阳亮. 汇率预测的神经网络方法及其比较[J]. 财经科学,2008(5):47 - 53.

[148]熊志斌. ARIMA 融合神经网络的人民币汇率预测模型研究[J]. 数量经济技术经济研究,2011(6):64 - 76.

[149]许家云,佟家栋,毛其淋. 人民币汇率波动、产品排序与多产品企业的出口行为——以中国制造业企业为例[J]. 管理世界,2015(2):17 - 31.

[150]徐建军,汪浩瀚. 我国金融发展对国际贸易的影响及区域差异——基于跨省面板数据的协整分析和广义矩估计[J]. 国际贸易问题,2008(4):82 - 88.

[151]徐建军,汪浩瀚. 我国金融发展对国际贸易的影响机理阐释及经验证据[J]. 国际贸易问题,2009(2):100 - 107.

[152]许少强,李亚敏. 参考"一篮子"货币的人民币汇率预测——基于 ARMA 模型的实证方法[J]. 世界经济文汇,2007(3):30 - 40.

[153]许先普. 人民币实际汇率波动的出口贸易效应研究[J]. 上海立信会计学院学报,2010(1):77 - 83.

[154]王恕立,刘军. 外商直接投资与服务贸易国际竞争力——来自 77 个国家的经验证据[J]. 国际贸易问题,2011(3):79 - 88.

[155]翁智刚,唐元懋,刘丹萍. 汇率不完全传递与国际贸易收支影响研究[J]. 宏观经济研究. 2012(8):88 - 91.

[156]杨万平,袁晓玲. 美国经济波动对中国经济增长的影响及其传导机制研究[J]. 世界经济研究,2010(7):76 - 81.

[157]杨振兵. 对外直接投资、市场分割与产能过剩治理[J]. 国际贸易问题,2015(11):121 - 131.

[158]姚星,刘小差,黄枫. 货物贸易与服务贸易发展的动态关系研究——基于 143 个国家 1982—2008 年数据的实证分析[J]. 宏观经济研究,2011(9):53 - 60.

[159]殷凤,陈宪. 国际服务贸易影响因素与我国服务贸易国际竞争力研究[J]. 国际贸易问题,2009(2):61 - 69.

[160]殷凤．中国服务贸易比较优势测试及其稳定性分析[J]．财贸经济,2010(6):81－88.

[161]余淼杰．人民币升值有利于降低中美贸易顺差吗？基于引力模型的理论和实证研究[R]．北京大学国家发展研究院,No. C2009002,2009.

[162]于友伟．汇率波化与贸易平衡——基于中国与亚太主要贸易体的研究[J]．国际贸易问题,2011(7):154－160.

[163]张翠萍,陈雪东．人民币汇率对外贸企业进出口的影响分析:基于分类回归树[J]．湖州师范学院学报,2013(3):21－26.

[164]张龙．产能过剩行业转向国际市场[N]．中国企业报,2010－7－26(3).

[165]张延群．全球向量自回归模型的理论、方法及其应用[J]．数量经济技术经济研究,2012(4):136－149.

[166]钟山．坚定不移地加快外贸发展方式转变[J]．求是杂志,2010(16):27－29.

[167]周延,贾亚丽．人民币双边实际汇率与中韩贸易收支——基于时间序列数据的经验研究(1991—2005)[J]．华东师范大学学报:哲学社会科学版,2007,39(4):104－110.

[168]周业樑,盛文军．转轨时期我国产能过剩的成因解析及政策选择[J]．金融研究,2007(2):183－190.

[169]朱彤,郝宏杰,秦丽．中国金融发展与对外贸易比较优势关系的经验分析——一种外部融资支持的视角[J]．南开经济研究,2007(3):124－131.

[170]庄丽娟,陈翠兰．我国服务贸易与货物贸易的动态相关性研究——基于脉冲响应函数方法的实证分析[J]．国际贸易问题,2009(2):54－60.

重要术语索引

B

贝叶斯平均分类回归模型 4
波动风险 3
不完全汇率传递 28

C

产能过剩 2
参照国 128
长期利率 6
出口企业二元边际 35
初级产品 2
传导渠道 1
传递程度 28

D

短期利率 5
对外贸易 1

F

方向预测精度 113
非对称性影响 29
非线性的特征 30
分类回归树 105
服务贸易 4
负面冲击 5

G

工业制成品 10
滚动静态预测 112
国际传导 27
国际贸易标准分类 4
高斯核函数 105

H

汇率波动率 31
汇率传递 2
汇率预测 5

J

J曲线 27
加工贸易 2
金融发展 4
金融深化 4
金融市场 6
金融中介 64
经济波动 1
经济周期 24
机器学习 105

均方根误差 111

K

开放经济 1
跨大西洋贸易与投资伙伴协议" 160
跨太平洋伙伴关系协定 160

L

类变量的离散化 110
联合密度 106

M

贸易差额 3
贸易伙伴 3
贸易结构 25
贸易竞争力指数 68
贸易权重 129
贸易扩展边际 32
贸易顺差 2
贸易特化系数 69
名义汇率 4

P

平衡发展 50
平滑参数优化 111
平均绝对误差 112

Q

全球价值链 25
全球向量自回归模型 1

R

人工智能 105
弱外生性检验 130

S

神经网络 5
实际汇率 30
数据挖掘 5
双边实际汇率 53
实际产出 130
实际商业周期理论 126
实际资产价格 130
数据集 81

T

Theil 不相等系数 112

W

外部经济冲击 1

X

新兴市场经济体 28
信贷约束 65

Y

一般贸易 2
溢出效应 83
"一带一路"倡议 163
异质性企业理论 2

Z

直接标价法 59
转换数据集 110
滞后长度判别检验 42
自回归移动平均模型 109
自贸试验区 162
自我稳定效应 144